"Una verdadera revelación del corazón del Padre, capaz de destruir, derribar y arrancar de usted todo lo que el sistema religioso pudo haber plantado. Esta verdad hará que no permanezca atado a la ignorancia. Su contenido abrirá sus ojos y su mente. Entenderá el diseño del Padre para usted y sus generaciones. Conocerá los tesoros escondidos en las Escrituras que transformarán su caminar. No volverá a ser igual".

PASTORA ARLENE VÁZQUEZ
Nación de Fe. Bradenton, Florida

"La paternidad no es una moda, es un diseño del Padre. Cuando escuché estas palabras de mi padre espiritual, el apóstol Rafael Mojica, entró en mi corazón un anhelo por aprender más acerca de ello y su significado. A través de los módulos, enseñanzas y modelaje de la paternidad he aprendido mucho. Pero también he visto cómo han sido sanadas, liberadas y restauradas muchas vidas. Gracias papá, porque sé que otros, al igual que yo, aprenderán y conocerán de este hermoso diseño establecido por nuestro Padre celestial a través de este maravilloso libro".

PASTORA ASOCIADA RUTY BÁEZ
Nación de Fe Main Campus

"Este libro revela la paternidad desde un punto de vista muy sencillo para que todos podamos entenderlo. Apreciar la paternidad como diseño hará que se despierte en usted el deseo de retomar todo lo que por herencia pertenece a los hijos. Algunos rechazan de manera tajante la paternidad, ya sea por la mala experiencia vivida con un padre o por el desconocimiento de lo que es el diseño del Padre. Recomiendo este libro y sé, sin duda alguna, que será de gran bendición para su vida y la de los suyos".

PASTORA ROCÍO VILLALVA
Nación de Fe. Long Island, New York

"Por mucho tiempo escuché acerca de un evangelio que no podía ver ni entender por falta de un modelo que me revelara al modelo: JESÚS EL MESÍAS. A través de la paternidad tuve el beneficio que no tuvo el primer Adán, pero que sí tuvo el segundo. La paternidad es la brújula que le lleva a ver y palpar la imagen del Padre en la tierra a través de modeladores del modelo, Jesús el Mesías".

PASTOR ELIEZER MOJICA
Nación de Fe. Orlando, Florida

"Creo con firmeza que el siglo XXI será el escenario de un movimiento global del regreso del cuerpo de Cristo a los fundamentos de las Escrituras. La paternidad, indiscutiblemente es uno de esos fundamentos principales. Algunos la han criticado y, aunque obviamente existen fallas u otros hayan abusado de la misma, no deja de ser una gran verdad. En este libro, el apóstol Rafael Mojica comparte la revelación que el Padre le ha dado. Creo que muy pronto se convertirá en un manual de estudio que revolucionará la vida de la iglesia. Recomiendo este libro con todo mi corazón. Amado lector, le invito a sumergirse en sus profundidades y sus riquezas con un corazón hambriento. ¡Se saciará!".

APÓSTOL JOSÉ MELÉNDEZ
Río Piedras, Puerto Rico

"La vida está llena de momentos y experiencias que nos marcan. El primer hijo, Adán, fue formado con un diseño. Luego falló. Aunque eso originó una marca, el Padre envió a su único Hijo, el segundo Adán, y lo envió como hombre para quitar lo que nos marcó. Ese es el corazón del Padre. La paternidad es revelada a través de hombres apartados para manifestar la esencia del corazón del Padre. El apóstol Rafael Mojica es uno de esos hombres marcados y apartados por Abba para liberar, restaurar y activar el corazón de muchos hijos que desconocen su posición. Todos debemos tener este libro en la biblioteca. A través de él y la revelación que encierra, usted podrá ver el diseño para accesar a todo lo que, como hijo, le pertenece".

PASTOR PROFETA HÉCTOR CRUZ
Nación de Fe. New York

"La paternidad no es una moda ni un invento del hombre, tampoco tiene que ver con religión alguna. La paternidad no se casa con ningún culto. Es, simplemente, volver al diseño divino y eterno. No se puede tener identidad de hijo a menos que se nos revele la paternidad. Dios está levantando hombres con corazones de padres, como los apóstoles Rafael y Claribel Mojica. Personas cuyo deseo es invertir todo lo que el Padre les ha otorgado en los hijos y establecer en su posición de hijos y coherederos con Cristo, a una generación que grita 'NECESITO UN PADRE'. Somos testigos del cumplimiento de este poderoso versículo: 'Él hará volver el corazón de los padres a los hijos, y el corazón de los hijos a los padres, no sea que Yo venga y tenga que consagrar la tierra al exterminio' (Malaquías 4:6 BTX)".

APÓSTOLES ELÍ Y PAOLA CHÁVEZ
Monte Sinaí. Atlanta, Georgia

"La paternidad es para que los padres espirituales saquen lo mejor de sus hijos. Para ser facilitadores en los asuntos del Reino. Los padres harán todo su esfuerzo para que los hijos alcancen aun más que lo que ellos como padres han alcanzado. Sé que este libro, escrito por mi hijo el apóstol Rafael Mojica, será de mucha bendición y traerá luz sobre el entendimiento de muchos".

APÓSTOL VALERIE SWISHER
Living Word Revival Center. Carolina Del Norte

"Es con el mismo grado de pertinencia, audacia e importancia que tiene la Piedra Rosetta, con la que el apóstol Rafael Mojica (mi papá) nos presenta esta entrega. El escrito logra con una habilidad envidiable, presentarnos el diseño eterno de la paternidad en el contexto de esta generación. Así como aquella milenaria tablilla, presenta varios idiomas y sus traducciones, el apóstol Mojica logra transcribirnos el directo sentir del Padre y deja el aroma de un reto sutil, invitándonos a disfrutar de las dádivas que solo los hijos pueden disfrutar. Esta es la obra paternal del siglo…"

Pastora profeta Yannielle Ramos
Nación de Fe. Fajardo, Puerto Rico

"La orfandad ha querido terminar con el diseño más importante del universo, el que se llama paternidad. Es por eso que, en este tiempo, el Padre ha levantado un modelo genuino de paternidad que a través de este libro le revelará el diseño. La paternidad establecida pondrá fin a este virus llamado orfandad. Este libro cambiará el rumbo de su vida".

Pastora profeta Keishla Lanauze
Nación de Fe. Toa Alta, Puerto Rico

"Jamás imaginé que el diseño de la paternidad era real ni que podía transformar una vida y sus generaciones. Lo supe a través de mi experiencia. Muchos me aplaudían (aun en mi desorden), pero vi cómo la corrección de un padre, en secreto, transformó mi vida. Hoy puedo gritar a los cuatro vientos que la paternidad es el diseño original del Padre para transformar al hombre".

Pastor profeta Alex Lanauze
Nación de Fe. Toa Alta, Puerto Rico

"Este libro le ayudará a profundizar y entender que la *Paternidad espiritual* no es un ministerio, sino un diseño establecido por el Padre, desde el principio. Prepárese para ser liberado de la orfandad que por muchos años no le ha dejado crecer en el ministerio. Esta verdad revelada le impulsará a reconocer que no es saludable caminar sin estar bajo autoridad".

PASTOR EVANGELISTA BRYAN CARO
Iglesia en la Calle. Isabela, Puerto Rico

"Este libro es una excelente herramienta que le ayudará a entender lo que realmente es una paternidad saludable. Un diseño del Padre que bendecirá su vida de una manera extraordinaria".

PASTORA PROFETA XIOMARA CARO
Iglesia en la Calle. Isabela, Puerto Rico

"Paternidad espiritual es un libro que va a catapultar y dimensionar su vida, puesto que todo diseño requiere de un ámbito de legalidad y justicia. Mi amigo y hermano, el apóstol Rafael Mojica, ha sido llamado para levantar una generación de sucesores bajo una esencia única y genuina; y para establecer hijos en principios eternos, los cuales han sido revelados por Abba para arrancar a las generaciones de la orfandad".

PROFETA VÍCTOR VILLAMIL
Familia de Reino. Buenos Aires, Argentina

"El no ser un hijo correcto y la falta de arrepentimiento, llevaron a Giezi a perder el posible legado espiritual que como tal le correspondía". La falta de revelación puede hacerle perder lo que por herencia le pertenece. Este libro le ayudará a conocer el diseño de la paternidad a través de las Escrituras".

PASTORA EDITA SUÁREZ
Nación de Fe. Santo Domingo, República Dominicana

"El diseño de paternidad enseñado e impartido de una forma clara y simple, me ha permitido conocer el corazón de mi padre y vivir en plenitud desde mi posición de hija. El conocer y vivir bajo esa enseñanza ha transformado mi vida entera, ha fortalecido mi identidad y ha elevado mi relación con mi Padre celestial. El diseño de paternidad le revela el corazón del Padre, le posiciona en su lugar de gobierno y le permite manifestar su esencia aquí en la tierra. A través de este libro usted podrá conocer más sobre el diseño del Padre para los hijos".

Profeta Denisse Delgado
Nación de Fe Main Campus

"Durante nuestro caminar ministerial, conocemos personas que nos inspiran con sus acciones y no solo con sus palabras. Por más de doce años he visto al apóstol Rafael Mojica impartir un mensaje claro, con autoridad y revelación acerca del Reino y la paternidad espiritual. Su corazón arde por ver una nueva generación de hijos saludables operando en su asignación. Le oro al Padre para que este libro cambie su vida y traiga convicción a su corazón".

Dr. Benny Rodríguez
Psicólogo clínico y coach
www.DrBenny360.com
@Drbenny360

PATERNIDAD ESPIRITUAL

RAFAEL MOJICA

PATERNIDAD ESPIRITUAL

LA REVELACIÓN BÍBLICA DE LA RELACIÓN PADRE-HIJO

CASA
CREACIÓN

Para vivir la Palabra

Para vivir la Palabra

MANTÉNGANSE ALERTA;
PERMANEZCAN FIRMES EN LA FE;
SEAN VALIENTES Y FUERTES.
—1 CORINTIOS 16:13 (NVI)

Paternidad Espiritual por Rafael Mojica
Publicado por Casa Creación
Miami, Florida
www.casacreacion.com
©2022 Derechos reservados
©2022 Rafael Mojica

ISBN: 978-1-955682-67-1
E-book ISBN: 978-1-955682-68-8

Desarrollo editorial: *Grupo Nivel Uno, Inc.*
Diseño interior y portada: *Grupo Nivel Uno, Inc.*

Impreso en Colombia

22 23 24 25 26 LBS 9 8 7 6 5 4 3 2 1

CONTENIDO

DEDICATORIA

Dedico este escrito, primeramente, a mi Padre eterno, a quien doy gracias por la vida que me ha dado, y por la bendición y poder ser su hijo. Doy gracias por la responsabilidad que ha puesto sobre mis hombros para escribir, predicar, enseñar y modelar su diseño eterno. Estoy agradecido por la confianza depositada en mí para ser su reflejo en la tierra.

Gracias a mi padre biológico, Rafael Mojica, por ser un ejemplo de lo que un hombre de oración e integridad debe ser. Te agradezco por cuidarme y formarme en el temor al Padre, gracias por tu ejemplo. Te AMO.

Agradezco a quien fue mi madre biológica, Carmen L. Atanacio, que aunque hoy no está con nosotros —y sé que no podrá leer este libro ni puede verme ni escucharme—, millones de personas la escucharán y la verán a través de mí, de mis hijos, de mis nietos y de mis generaciones. Su sonrisa, su amor y su carisma son parte de la esencia que hoy tengo. Le doy gracias a mi Padre eterno por haberme permitido nacer de un vientre tan bendecido como lo fue el de mi mamita hermosa. Siempre la AMARÉ.

Gracias a mi amada y hermosa esposa por ser mi apoyo, sustento y mi compañera en esta asignación de Reino. Gracias por creer en mí y en los proyectos que juntos emprendemos. Gracias por dar todo lo mejor de ti, gracias por entregarte en cuerpo y alma a la asignación que el Padre nos ha entregado. Gracias porque juntos hemos podido establecer y enseñar a través del modelaje de este diseño hermoso. Gracias por ser la madre y el vientre que reproduce esta esencia en nuestra casa y el mundo. Te AMO.

Gracias a mis hijos Roxxana, Deuel y Jeff por ser entendidos en todo lo que implica este compromiso de Reino. Gracias porque cada uno, en diferentes áreas, han sacrificado algo para que podamos cumplir nuestra asignación.

Gracias por amarme, comprenderme y cuidarme. Gracias por darme cuatro nietos hermosos: Azariel, Yannick, Derien y Yasser. Ustedes son mi regalo del Padre. Los AMO con locura.

Gracias a mis padres espirituales, los apóstoles Steven y Valerie Swisher, por creer en nosotros, cubrirnos, aconsejarnos con sabiduría, apoyarnos, cuidarnos y amarnos. Los AMO.

Gracias al profeta Gilberto Muñiz, por ser el hombre que el Padre utilizó para hablar la palabra que hoy vemos cumplida sobre este ministerio. Te AMO.

Gracias a cada hijo espiritual y a todo nuestro equipo pastoral en Nación de Fe Main Campus y en el mundo, por su apoyo y su amor para con nosotros. Los AMO.

Gracias a cada amigo y a cada persona que ha sido parte de este ministerio. Los AMO.

PRÓLOGO

Nadie posee el monopolio de la revelación bíblica. No es propiedad exclusiva de un concilio, una denominación ni de un carismático predicador. El Espíritu Santo es el administrador de los misterios de Dios y de su revelación. Y es Él quien, en un acto soberano, abre los "ojos de nuestro entendimiento" (Efesios 1:18) para que veamos lo que no se ve y entendamos lo que no puede ser enseñado en forma natural.

Cuando utilizamos el concepto revelación, no hacemos referencia a una visión mística ni a una teofanía personal. Más bien aludimos al acto soberano de la acción del Espíritu de Dios corriendo la cortina de la letra de la Palabra para permitirnos el acceso a una zona de la mente de Dios en el interior de esa letra. Es decir, la letra de la Palabra posee el sonido de otro mundo y solo el Espíritu Santo puede traducirlo a nuestro entendimiento. Por tanto, un misterio no hace alusión a algo inexistente sino a algo que necesita la operación del Espíritu Santo para que sea revelado.

En ese mismo sentido, debo afirmar que la paternidad no es un concepto, sino un diseño. No responde a una tendencia de moda, sino a un acto sobrenatural en el que se retorna a una intención original concebida en la mente de Dios para establecer un orden multigeneracional desde el principio. En el mundo natural, responde al rol de padre dentro de ese organismo vivo que llamamos familia. Pero toda verdad del mundo natural es el reflejo de una verdad superior del mundo espiritual. La paternidad no es la excepción a ese patrón.

Como es típico en todas las verdades espirituales, estas son multidimensionales. Es decir, una verdad del Reino de los cielos no posee "un solo lado". Por ejemplo, cuando Jesús declara que ya no llamará a sus discípulos siervos sino amigos, la nueva dimensión relacional no elimina la básica función de servir. Toda verdad del Reino de los cielos se desliza sobre una expresión progresiva a modo de un pergamino que se va abriendo solo en la medida en que la madurez del recipiente de esa verdad esté preparado para sostener las implicaciones y responsabilidades que llegan juntamente con la revelación de ella.

El propio Jesús confesó a sus discípulos que ellos aún no estaban preparados para todas las cosas que él tenía que revelarles (Juan 16:12). Sin embargo, les anticipó que el Espíritu de Verdad les guiaría a toda verdad y les recordaría las que Él les había compartido ya (Juan 16:13-15). La revelación, pues, es progresiva. Sus verdades son tan vastas, y tan trascendentales sus implicaciones, que nos llegan como piezas de un rompecabezas glorioso repartido en zonas del cuerpo de Cristo que han superado un evangelio de fría y dogmática tez doctrinal, para convertirse en tribus que intiman como familia y operan como un ejército. Y el líder de esa tribu llena de revelación y de manifestación será el padre espiritual de ella.

La paternidad es una de esas verdades "condenadas" a una revelación progresiva y no conozco a otra persona que modele mejor, a quien se le haya revelado en forma tan amplia y que viva el diseño de paternidad, como al apóstol Rafael Mojica. Conozco a más de uno que habla de ella, escribe de ella y predica de ella, pero muestra una selectiva ambivalencia que revela la presencia de una teoría de la paternidad y no necesariamente la revelación de ella. No dudo de la sincera intención, solo coloco en una pausa la conclusión de una correcta revelación.

Como sucede con toda revelación parcial, existe el riesgo del mal uso y el abuso de una verdad bíblica. Y el concepto de autoridad y de paternidad, que van tomadas de la mano, no ha sido la excepción. Una paternidad adulterada, una identidad fragmentada y un carácter no procesado, denunciará tarde o temprano a alguien que se lanzó al terreno de juego sin conocer las reglas del mismo. Ese no es el caso del autor de este libro. Me consta. Ha sido un íntimo amigo mío por muchos años.

Estoy escribiendo este prólogo, no desde la perspectiva de un conocedor de las reglas gramaticales y las artes literarias, sino desde la posición de un testigo de primera fila. Rafael Mojica tiene la revelación, la estructura bíblica y la manifestación del diseño de paternidad amalgamada en forma extraordinaria dentro de un carácter procesado, una integridad probada, una sobriedad asombrosa, un ego crucificado, una humildad de espíritu y un concierto de hijos espirituales bien formados, equipados y empoderados desde el corazón del Autor de este glorioso diseño al de este invaluable amigo de ese Creador.

Este libro nos llega muy a tiempo. Es escrito por la persona correcta y desde la zona correcta del corazón. No lo lea en forma recreacional. Tampoco lo haga con prisa. Esta obra no contiene solo principios y conceptos teóricos acerca de una verdad escritural, sino la esencia misma del corazón de un hombre que nació para esto y esto vive en todo su esplendor.

Rubén Arroyo
Ph.D., L. C. P. C.
www.cidrachurch.com

INTRODUCCIÓN

La pandemia más grande que ha azotado y sigue azotando, actualmente, a la tierra se llama orfandad. A continuación, veamos lo que reflejan las estadísticas en Estados Unidos sobre lo que el gobierno ha llamado *"The Fatherless Generation"* o generación sin padres:

- 63% de suicidios juveniles proceden de hogares en los que faltó el padre (US Department Of Health/Census). 5 veces por encima del promedio.

- 90% de las personas que viven deambulando sin un techo son producto de un hogar en el que no hubo un padre. 32 veces por encima del promedio.

- 85% de los niños que presentan problemas de conducta son de hogares en los que faltó un padre. 20 veces por encima del promedio (Center for Disease Control).

- 80% de los violadores y personas con problemas de manejo de ira son producto de un hogar en que faltó un padre. 14 veces por encima del promedio (Justice & Behavior, Vol 14).

- 71% de todos los que abandonaron la escuela superior son fruto de la ausencia de un padre. 9 veces por encima del promedio (National Principals Association Report).

El gobierno lo está gritando, sin embargo, la iglesia —que porta y tiene la legalidad para hacerle frente a esta situación— anda batallando con dogmas y argumentos en lo que concierne al diseño del Padre para la humanidad. Es hora de despertar y abrir nuestras mentes para que se manifieste el anhelo y el deseo del Padre para con los hijos. Las ideas preconcebidas, las enseñanzas sin revelación, los conceptos humanos, las doctrinas, los grupos conciliares, la mala o vaga interpretación de las Escrituras, la falta de identidad y el desconocimiento del diseño original del Padre, han sido parte de los factores que se han levantado y no han permitido que como iglesia o cuerpo podamos alcanzar y manifestar el propósito por el cual fuimos formados y establecidos en nuestro lugar de asignación, en esta hermosa tierra.

El hambre y el desespero por conocer el fin ha sido también un factor que ha contribuido a la falta de efectividad de la iglesia. Es muy lamentable ver cómo se ha enfocado el esfuerzo del cuerpo, en prepararse para un fin sin siquiera conocer ni entender su origen ni su asignación. Mientras el enfoque esté en el fin, continuaremos perdiendo el hoy y el futuro. Si no hay claridad de asignación e identidad, no puede haber efectividad. Todo está encerrado en el principio. Un fin correcto será el resultado de haber regresado al origen. Por esa razón el Padre es el Alfa y el Omega.

El éxito que pueda tener será determinado por cuánto conozca el corazón del Padre y su intención para con usted. Su esencia siempre ha sido la paternidad; su deseo, manifestar toda su riqueza en y a través de los hijos; nuestra responsabilidad, reproducir lo que el Padre nos ha entregado.

Muchas de las predicaciones están dirigidas a señalar las consecuencias del Adán caído y no los resultados que tenemos al recibir la genética del segundo y postrer Adán. No hay ninguna manera en que una persona se gradúe de una materia que no ha completado. Solo volviendo al principio podremos conocer el plan perfecto por el cual existimos. Por eso es que es sumamente importante conocer el diseño del Padre para el hombre. Cuando el Padre creó todas las cosas, lo hizo con una intención; cuando formó al hombre, lo hizo con una intención, y ambas estaban y están conectadas. Vivir de acuerdo a ella es vivir plenamente. Vivir ignorando ese diseño es vivir sin propósito.

El primer Adán fue formado y puesto en el huerto como hijo. Allí todo estaba bajo su dominio y su gobierno; sus capacidades y sus habilidades superaban todo lo que hoy conocemos. El secreto estaba en su diseño y en su esencia de hijo. Cuando hablamos de paternidad no nos estamos refiriendo solo al sexo masculino, entendemos que en el diseño están —tanto el hombre como la mujer— fusionados como uno. Es tan necesaria la semilla, como el vientre. Paternidad es igual a hombre y a mujer, reproduciendo el corazón del Padre en la tierra. Le invito a conocer el diseño del Padre para usted y sus generaciones. Solo así podrá vivir a plenitud. ¡USTED ES HIJO!

Capítulo 1

EL DISEÑO
DEL PADRE

Agradezco al Padre por la oportunidad que me concede de poder ser un colaborador en el Reino y, muy en especial, por la asignación y la responsabilidad que me ha entregado de predicar, enseñar, instruir, impartir, modelar y escribir sobre el diseño de paternidad. Nací en un hogar cristiano, en el que mis padres me instruyeron en el temor a Dios. Allí me desempeñé como músico y participé activamente en las sociedades de niños, juveniles y jóvenes.

Aprendí mucho sobre la Biblia y las historias que en ella están escritas. Amaba a Dios con todo mi corazón pero, a la misma vez, le tenía miedo. Sí, leyó bien. No era temor respetuoso, era miedo.

Me hablaban de lo malo que era el diablo y lo horrible del infierno pero, en igual forma, me enseñaban y predicaban de un Dios que andaba detrás de mí buscando mis faltas, fallas, errores y pecados para enjuiciarme, matarme o "talarme", como decían comúnmente en esos tiempos.

Hubo momentos en mi vida en los que iba al templo y salía llorando, asustado y preocupado por todo lo que escuchaba del desastre y la catástrofe que ocurriría en la tierra y del inminente "rapto" de la iglesia, que posiblemente ocurriría esa misma noche o en cualquier momento. El problema más grande era que casi todos nos quedaríamos para arder en el infierno a causa de lo pecadores que éramos. Realmente me inundaba el miedo con solo pensar en lo que Dios podía hacerme si le fallaba. Aquí es pertinente una aclaración, entienda que no estoy afirmando que esté permitido que vivamos una vida de pecado y libertinaje sin consecuencias o sin tener que rendirle cuentas al Padre por nuestros pecados; al contrario, creo en que nos corresponde vivir una vida agradable a Él y alejados del pecado, pero el día que fallemos dice la Escritura:

Hijitos míos, estas cosas os escribo, para que no pequéis; y si alguno peca, Paracleto tenemos ante el Padre: a Jesús el Mesías, el justo,
el cual es también la propiciación por nuestros pecados, y no solo por los nuestros, sino también por los de todo el mundo.

—1 Juan 2:1-2 BTX

Las Escrituras establecen y ordenan que nos mantengamos alejados del pecado; sin embargo, son muy claras al momento de establecer y validar el sacrificio y una de las funciones de Jesús el Mesías al venir a la tierra, la cual es perdonarnos, ser nuestro Paracleto (abogado, defensor) y devolvernos a nuestra posición original, la de hijos. Por lo tanto, la imagen del Dios que me presentaron me distanciaba mucho del diseño y el deseo del Padre para mi vida. Necesitamos conocer y establecer la diferencia entre el Padre creador y el Padre formador, el Dios después del pecado del primer Adán y el Padre que tuvo la intención de devolvernos al estado del diseño original a través del segundo y postrer Adán (Jesús el Mesías). La triste realidad es que, al día de hoy, muchos predican, viven y promueven al mismo Dios que por muchos años me presentaron a mí.

Lo lamentable es que hay más terroristas en los altares de muchas iglesias que en los reconocidos grupos de terrorismo a nivel mundial. Yo los llamaría "fariseos de la gracia", porque juzgan basados en la ley, pero se esconden en la gracia. Este sistema que al presente todavía opera, en mayor escala y proporción, es uno opresor y castrante que en nada se diferencia del grupo de religiosos que existía en los tiempos de Jesús el Mesías. Tal y como hicieron en aquellos tiempos, hacen ahora. Por eso es que todo lo que el Padre estableció como diseño y que en este tiempo se está revelando, es rechazado por ese mismo sistema.

La función de la iglesia es establecer el diseño, reflejar la imagen del Padre, gobernar, predicar y establecer el Reino de los cielos aquí en la tierra, no mandar gente al infierno. Lamentablemente, el mundo ha sido saturado con predicaciones que no encierran la esencia del mensaje de Jesús el Mesías. Se habla y se predica de todo, menos del Reino. ¿Le gustaría saber por qué? La respuesta es muy sencilla: porque no pueden predicar ni hablar de algo que ni conocen ni se les ha revelado. Realmente no han entendido el plan del Padre al enviar a su Hijo a la tierra.

Porque Dios no envió al Hijo al mundo para juzgar al mundo, sino para que el mundo sea salvo por medio de Él.

—Juan 3:17 BTX

Jesús el Mesías no tenía relación con el pecado y aun así no envió a nadie al infierno. Él tenía muy clara su asignación, sabía a qué lo envió su Padre. Él nació bajo paternidad, instituyó el diseño, nos dio su ejemplo de Hijo, estableció el gobierno, nos trajo el Reino y —lo más importante— lo modeló.

Ahora, ¿qué nos corresponde a nosotros? Tal y como Jesús hizo, hagámoslo nosotros: cumplamos nuestra misión, hagamos nuestro trabajo de reflejar la esencia del Padre. La misma misericordia, el mismo perdón, la misma compasión que recibimos, apliquémosla. Trabajemos para cumplir la Gran Comisión en la tierra de nuestra asignación.

*Id pues, discipulad a todas las gentes, bautizándo-
los en el nombre del Padre, del Hijo y del Espíritu
Santo;*
   *enseñándoles a guardar todas las cosas que os
mandé. He aquí Yo estoy con vosotros todos los
días hasta el fin de los siglos.*

—Mateo 28:19-20 BTX

La iglesia habla del Dios histórico, pero conoce poco del diseño del Padre creador y formador. Podemos conocer y recitar de memoria todas las historias de la Biblia y seguir viviendo en la misma condición de aquel que no las conoce. No es un debate de textos bíblicos, sino de la aplicación de estos en la vida de cada ser humano. Es de suma importancia, y muy necesario, que se levante una iglesia con la identidad y la revelación del corazón del Padre.

Lo primero que se necesita entender es que el Padre nos diseñó con un plan maravilloso, cada uno tenemos una asignación que cumplir y un área en la cual vamos a fluir. Recuerde que todos somos diferentes de manera intencional, pero diseñados para caminar y funcionar como parte del cuerpo de Cristo. Fuimos formados por deseo y voluntad del Padre, somos su obra maestra, sus hijos, su descendencia. Somos la manifestación de su esencia paternal.

A través del estudio de las Escrituras he podido notar que hay una manera peculiar en la que el Padre opera y es el hecho de que cada vez que Él dispuso y dispone algo, lo manifiesta en y a través de un hombre. El primer ejemplo lo vemos en el principio cuando quiso establecer un hijo que fuera semejante a Él y que reflejara su imagen. Y fue entonces cuando formó a Adán, a quien también le dio la instrucción y la encomienda de gobernar la tierra. Lo estableció solo como hijo, pero con la intención de que también se convirtiera en padre. Posterior a ese evento del principio, cuando todo se corrompió y quiso preservar la humanidad de perecer en un diluvio, escogió a un padre llamado Noé.

En ese mismo sentido, cuando quiso establecer un padre en la tierra que manifestara su esencia, estableció un Abraham. Cuando quiso liberar al pueblo de Israel de la esclavitud, envió a un tartamudo llamado Moisés. Cuando quiso establecer sus mandamientos en tablas para dárselos al pueblo, escogió a ese mismo Moisés. Cuando quiso proteger a los espías, usó a una ramera llamada Rahab. Cuando quiso introducirlos en la tierra que les prometió, envió a un Josué. Cuando quiso conectar a una moabita llamada Rut con la genealogía del Mesías, usó a una mujer llamada Noemí. Cuando quiso establecer quién juzgara y ungiera rey sobre Israel, envió a un hombre llamado Samuel. Cuando quiso acabar con el oprobio que los filisteos causaban a través de Goliat al pueblo de Israel, envió a un David.

Cuando quiso establecer un hombre que portara y manifestara espíritu de paternidad y lo pudiera depositar sobre alguien en la tierra, envió a un Elías. Cuando quiso establecer un diseño de honra, fidelidad, lealtad para recibir una doble porción, envió a un Eliseo. Cuando quiso hablar sobre su plan de redención, escogió a un Isaías. Cuando quiso hablar de restablecer su diseño original a través del espíritu de Elías, envió a un profeta llamado Malaquías. Cuando quiso abrirle camino al Redentor y Salvador del mundo, escogió a un Zacarías para que sembrara una semilla en el vientre de una Elisabet y así nació Juan el Bautista. Cuando quiso reconectar a los siervos y ovejas al diseño de hijos y redimir al mundo de sus pecados, escogió a una mujer virgen llamada Miriam desposada con un hombre llamado José, para que fueran los padres de un hombre que llevaría por nombre Jesús el Mesías. Cuando quiso establecer un diseño de expansión y multiplicación del evangelio, Jesús el Mesías escogió a doce hombres. Cuando quiso establecer a través de las Escrituras el modelo del evangelio de la gracia y la paternidad, escogió a un Pablo.

Por lo tanto, he entendido y comprendido que todo lo que el Padre manifestó y manifestará en la tierra, siempre será a través de un hombre o una mujer. Por mucho tiempo se ha escuchado, y se ha enseñado, sobre un Dios que lo hará todo; sin embargo, cuando se le revela que ya Él lo hizo todo en su eternidad y que lo único que necesitamos es que sea manifestado en y a través de un hijo, entonces podemos descansar en su diseño.

Lo que es, ya ha sido, Y lo que será, ya fue, Y 'Elohim hace volver lo que pasó.

—Eclesiastés 3:15 BTX

El Padre habló y estableció su eternidad y su corazón desde el principio y aun después del pecado del hombre su intención y su plan no cambiaron. Todo lo que Él anhela y desea establecer es a través de la ecuación de padres e hijos. Por lo tanto, prepárese porque el Padre le formó a usted con el propósito de manifestarse aquí en la tierra.

Capítulo 2

EL DISEÑO

Comencemos con lo que sucedió en el principio y de ahí partiremos en este interesante e importante viaje a través de las Escrituras para conocer el corazón y el diseño del Padre en cuanto al hombre y la mujer. Hablemos de paternidad.

El Padre manifestó todo lo que vemos de dos maneras: a través de la creación y mediante la formación. Primeramente, todo fue creado y —de lo creado— el Padre formó al hombre. Para crear solo se necesita una palabra, pero para formar es necesario usar las manos. La palabra puede crear a la distancia, pero la formación solo se hace en cercanía. La palabra es una semilla que se suelta con la intención de obtener fruto. Siempre habrá una intención detrás de una palabra.

En un principio creó 'Elohim los cielos y la tierra.
— Génesis 1:1 BTX

El mundo y todas las cosas fueron creadas como respuesta a la palabra del Dios creador. Todo estaba conectado a su deseo, a su intención y a su corazón. Si vemos los versículos subsiguientes, del dos al veinticinco de ese mismo capítulo uno de Génesis, observamos cómo por la palabra se van creando todas las cosas. De hecho, en el versículo once y doce, la tierra produjo vegetación, árboles y también hierba como respuesta a la palabra que el Padre habló sobre ella.

Entonces dijo 'Elohim: Produzca la tierra vegetación: hierba que haga germinar semilla, árbol frutal que dé fruto sobre la tierra, según su especie, cuya semilla esté en él y fue así.
Y la tierra hizo brotar vegetación: hierba que hace germinar semilla según su especie, y árbol que

da fruto, cuya semilla está en él, según su especie. Y
vio 'Elohim que estaba bien.

— Génesis 1:11-12 BTX

O sea, la tierra tenía los árboles, la vegetación y la hierba encerradas en ella, pero necesitaba la orden del Padre para que se manifestaran de manera visible. Hay cosas que todavía no han sido manifestadas, están encerradas y listas para ser liberadas, solo necesitan la voz de un padre que las haga manifestar. Muchas personas nacen, viven y mueren con grandes llamados, llegan a la tierra con una asignación específica pero, debido a que viven en orfandad y no tienen un padre que los dirija, terminan su vida y nunca cumplen con su asignación. Veamos el versículo veinte:

Entonces dijo 'Elohim: Bullan las aguas seres vivientes y ave que vuele sobre la tierra en la expansión de los cielos.

—Génesis 1:20 BTX

Aquí vemos que es la palabra la que dio la orden para que las aguas produjeran lo que en ella estaba encerrada: las aves y los peces. Todo estaba ahí, solo faltaba la orden para que se manifestaran. Sigamos con el versículo veinticuatro:

Entonces dijo 'Elohim: Produzca la tierra seres vivientes según su especie: ganado, reptiles y bestias de la tierra, según su especie. Y fue así.

Los animales estaban en la tierra que Él creó, solo necesitaban la palabra que los hiciera manifestar. Todo era producto de una Palabra, o sea, una semilla. Todo lo que existe es producto de la boca del Padre. Si hubiéramos sido testigos de todo lo que sucedió en la creación, posiblemente habríamos pensado: "Todo esto que ha sido creado tan hermoso, con tantos detalles, tanta riqueza, tanta perfección, tantos cuidados, tanta abundancia, ¿para qué es, por qué y para quién fue creado?". Y es aquí donde vemos la intención y el corazón del Padre creador y formador. Todo eso estaba siendo creado para que a los hijos no le faltara nada. Aquí podemos ver claramente manifestado el cuidado de Él y, lo más interesante, es que su intención y su deseo no han cambiado, sigue siendo como al principio: que sus hijos gobiernen y que vivan en abundancia.

Todo sería parte de su diseño, el escenario estaba listo, el ambiente, el oxígeno, el lugar a habitar, la alimentación, el sustento, la asignación, la razón y el plan, solo faltaba usted. Lo próximo que sucede es el sonido de la voz del Padre que manifiesta el deseo de su corazón. El Padre habla la palabra, porque todo lo que existió, existe, y lo que se manifestará, siempre será antecedido por una palabra.

Así, Adonay YHVH no hará nada sin revelar su plan a sus siervos los profetas.

—Amós 3:7 BTX

Aquí vemos al Padre queriendo reflejar y manifestar su esencia en la tierra que creó, pero no lo quería hacer con algo, lo quería hacer a través de alguien que pudiera parecerse a Él, que irradiara su imagen y que pudiera ser el recipiente de su genética. Y la única manera, fue a través de un hijo. Es por eso que dice la Escritura que agarró tierra roja —que previamente había creado con su palabra y con sus manos— para formar y modelar al primer hombre. Me imagino esa escena. El Padre, luego de haber formado al hombre, comienza a contemplarlo. Era hermoso. Tenía sus características, sus facciones. Sin embargo, le faltaba algo. No tenía vida. Tenía forma, pero no tenía identidad. Es por eso que el Padre se acerca a la nariz del hombre e insufla aliento de vida en él.

Es ahí donde cuenta el relato que el hombre llegó a ser un alma viviente. El soplo del aliento del Padre sobre el hombre no solo habla de vida, sino que manifiesta lo más hermoso que este podía recibir: la genética de su formador, su Padre. Cuando un hombre se junta con una mujer y se hacen uno, o sea, tienen intimidad —por lo cual un espermatozoide fecunda un óvulo— se inicia la formación de una criatura. Ahí se involucra la genética. Pasa el tiempo y nace la criatura, entonces el padre va al departamento o agencia gubernamental correspondiente de su ciudad y —en el lugar indicado— reconoce ante las autoridades de ese país que el bebé que acaba de nacer es su hijo y que él quiere darle su apellido, o sea, quiere darle identidad y —a su vez— asumir la responsabilidad de mantenerlo, sostenerlo y cuidarlo. La manera de reconocer y darle identidad a una criatura que acaba de nacer, es otorgándole legalidad y ciudadanía.

Todas las cosas fueron creadas con una palabra, sin embargo, el hombre formado fue lo único que pudo contener la palabra dentro de él. Esta manera de operar en la tierra es el diseño del Padre. Por eso, aunque Él pudo haber creado al hombre como hizo con los animales, no quiso hacerlo así porque si no hubiera sido un ser sin identidad, sin genética, sin autoridad para gobernar, huérfano y completamente ilegal. Al insuflar al hombre, estaba poniendo de su genética en él, lo estaba reconociendo como hijo, lo estaba haciendo legalmente heredero de todo lo que había creado sobre la faz de la tierra.

Dediquemos un momento a profundizar en el acto en que el Padre insufla a Adán. Pareciera que era un simple soplo de aliento, pero en realidad en ese acto el hombre estaba recibiendo el Espíritu del Hijo. Es por eso que las Escrituras establecen que el hombre llegó a ser "alma viviente". ¿Cómo podemos llegar a esta conclusión? Las Escrituras establecen lo siguiente:

> *Salí del Padre, y he venido al mundo; otra vez dejo el mundo y voy al Padre.*
>
> —Juan 16:28 BTX

Jesús el Mesías habló y dijo: "otra vez dejo el mundo", haciendo entender que ya había estado en el mundo y que regresó al Padre. La pregunta es ¿cuándo? Recordemos lo que el Padre le dijo al primer Adán cuando le dio las instrucciones de no comer del fruto del árbol del bien y del mal, ya que el día que comiera, moriría. Cuando leemos lo que sucedió al comer nos daremos cuenta de que, aunque siguieron respirando, en el sentido espiritual ya habían muerto. O sea, el Espíritu de hijo salió de ellos.

En el capítulo uno, versículo veintiséis de Génesis, vemos al Padre diciendo:

> *Hagamos al hombre a nuestra imagen, conforme a nuestra semejanza.*

Las palabras *"a nuestra imagen"* y *"a nuestra semejanza"* establecen el deseo del corazón del Padre. Él quería reflejarse, manifestarse, hacerse sentir, duplicar su esencia en la tierra, pero eso no sería a través de algo, sino de alguien, y ese alguien era un hijo llamado Adán, que se convertiría en el instrumento y el vehículo para cumplir su deseo. Este hijo del Padre, también se convertiría en un padre en la tierra. Veamos lo que dicen las Escrituras:

> *Dijo YHVH 'Elohim: No es bueno que el hombre esté solo. Le haré ayuda semejante a él.*
> —Génesis 2:18 BTX

Es importante observar el orden de los sucesos. Lo primero que vemos es cómo fueron creados los animales, por ejemplo, el toro fue creado junto con la vaca, el caballo con la yegua, el mono con la mona, el perro con la perra, el gallo con la gallina y así sucesivamente. Pero en cuanto al ser humano, solo vemos al Padre formando a un hombre. Había una razón por la que no hizo las dos cosas al mismo tiempo: el Formador tenía muy claro su plan y su intención al hacerlo así. ¿Se ha preguntado por qué? A continuación estableceremos las razones:

1. El hombre fue formado como hijo del Padre pero, a la misma vez, con la intención y la cualidad de ser como su formador, un padre.

2. El hombre es el único que porta en su interior semen, o sea, la semilla. Por lo tanto, la manera y el diseño del Padre para traer una mujer a la tierra, era a través del semen o la semilla de un hombre.

3. En el orden divino siempre será necesario una semilla para obtener multiplicación y fruto.

4. El hombre fue formado solo para que primero fuera hijo, formarlos simultáneamente lo hubiera puesto en la posición de esposo y padre, sin ser hijo primero.

5. No hay manera de ser padre, sin antes ser hijo.

Entonces YHVH 'Elohim hizo caer al hombre en un profundo adormecimiento, y se durmió. Luego tomó una de sus costillas y cerró la carne en su lugar.
Y de la costilla que YHVH 'Elohim había tomado del hombre hizo una mujer, y la llevó al hombre.
—Génesis 2:21-22 BTX

La mujer no fue formada de la misma manera que el hombre. Ella fue tomada de la costilla de Adán, o sea, aunque el hombre fue tomado de la tierra y era tierra, él tenía lo que está en su misma esencia de acuerdo a la creatividad divina. Es por ello que el Padre lo adormece y abre su costado para tomar una costilla con el fin de formar a la mujer. Es como si viéramos el primer parto en la historia de la humanidad, un hombre llamado Adán pariendo a una mujer por cesárea. Mientras el hombre dormía y parecía que nada estaba pasando, el Padre estaba sacando lo mejor de él para que se pudiera multiplicar. No se desespere por los capítulos en su vida en los que parece que nada está pasando, que todo está en silencio, porque puede ser precisamente ahí, cuando el Padre está sacando lo mejor de usted.

Otro dato interesante es el hecho de que el Padre abriera una herida en Adán para formar a la mujer. O sea, no todas las heridas son malas. Hay ocasiones en que un padre le va a provocar una herida para sacar de su interior lo mejor, lo que nunca antes se había visto o manifestado. No se sorprenda por todo aquello que pareciera ser una herida, porque el Padre es experto en convertir heridas en una vía para la multiplicación de lo que usted es en esencia. En el mundo natural, solo el hombre porta semen (semilla) pero, en el mundo espiritual, la palabra es semilla; por lo tanto, aunque la mujer en lo natural no porta semen, en lo espiritual es portadora de semilla porque es portadora de palabra (semilla). Por desdicha, hay hogares en los que el hombre lo único que porta es semen. Es allí donde el Padre levanta una mujer que porta una palabra para dimensionar su hogar y su generación. La familia no quedará a la deriva por falta de palabra.

La intención del Padre nunca fue crear división entre hombre y mujer, ni poner a la mujer en segundo plano; por el contrario, la sacó de él para exponerla, para que estuviera a su lado, no detrás. Su intención fue y es que ambos sean una sola carne; por eso, cuando el hombre despierta de su adormecimiento y ve a la mujer que el Padre formó y le entregó, expresó lo siguiente:

¡En verdad esta es hueso de mis huesos y carne de mi carne! Por esto será llamada varona, porque del varón fue tomada.
—Génesis 2:23 BTX

Aquí vemos a un padre formado por el Padre con sus manos y con su genética, que ahora está reproduciendo la esencia de lo que recibió. El hombre que formaron como hijo, ahora se ha convertido en padre, por eso no vemos al Padre insuflando aliento de vida en la nariz de la mujer, porque esta ahora portaba la vida que recibió de la semilla de Adán. En el mundo espiritual, esto tiene un gran sentido, ya que cuando recibimos a Jesús el Mesías en nuestra vida, estamos recibiendo la vida que está encerrada en Él y nos convertimos en portadores de vida para otros. El mismo diseño aplica a la paternidad. El Padre habilita padres que porten su corazón y su esencia de Padre para reengendrar hijos en el Reino. A partir de ese momento la mujer es el vientre que recibe la semilla de un hombre para traer vida a la tierra. Pero fue y es necesario entender el diseño del Padre. Podemos cambiar, modificar, establecer estilos diferentes, pero nunca alterar el diseño, porque es lo único que nos permitirá vivir dimensionados.

Capítulo 3

DE LA POSICIÓN A LA CONDICIÓN

El hombre y la mujer fueron establecidos para reflejar la imagen del Padre y posicionados para cuidar y gobernar todo lo que había sido creado. Tenían una asignación específica, así lo vemos manifestado y expresado en las Escrituras:

> *Entonces dijo 'Elohim: Hagamos al hombre a nuestra imagen, conforme a nuestra semejanza, y ejerzan dominio sobre los peces del mar, sobre las aves de los cielos, sobre el ganado, sobre toda la tierra, y sobre todo reptil que repta sobre la tierra.*
>
> —Génesis 1:26 BTX

> *Luego 'Elohim los bendijo; y les dijo 'Elohim: Fructificad y multiplicaos, llenad la tierra y sojuzgadla, dominad sobre los peces del mar y las aves de los cielos y sobre todo ser vivo que se mueve sobre la tierra.*
>
> —Génesis 1:28 BTX

El Padre formó y posicionó al hombre y a la mujer como hijos con varias asignaciones:

1. Reflejar la imagen del Padre en la tierra, o sea, reproducir la esencia de lo que el Padre es.

2. Ejercer dominio sobre todo lo creado, establecer el Reino de los cielos en la tierra.

3. Fructificar y multiplicarse en la tierra, reproducir el diseño de padres e hijos por toda la tierra

4. Llenar la tierra y gobernarla.

La intención del Padre fue, es y será siempre usar al hombre en la tierra para reflejar su esencia. A través de la Escritura he podido ver un dato muy interesante en cuanto a la manera en que opera el Eterno: utiliza a un hombre para que se convierta en padre de otro hombre al que, en lo natural, no está relacionado sanguíneamente, pero están asignados como padre e hijo en el destino que el Padre les trazó. Mencionemos varios ejemplos: en Génesis vemos el primero, cuando el Padre le da la palabra a Abram y le dice que fue escogido para ser padre de naciones. Luego vemos a un Moisés que fue escogido para impartir sobre un Josué. Más adelante vemos a un Elías siendo un modelo de paternidad e impartiendo una doble porción de su espíritu sobre su hijo Eliseo. Posteriormente, un Jesús con sus discípulos, un Pablo con un Timoteo, con un Tito y con un Onésimo.

De hecho, cuando el Padre decidió reconectar al hombre con Él y darle salvación, envió a un hijo llamado Jesús el Mesías. Estos son solo algunos ejemplos de varios que encontraremos en las Escrituras y de los que hablaremos en los próximos capítulos. Con esto hay algo que quiero enfatizar y es que, contrario a lo que posiblemente nos pudieron haber enseñado de que no somos necesarios o que somos nada, el Padre siempre ha utilizado al hombre para cumplir sus propósitos en la tierra. Así que levántese y asuma su postura porque usted es parte del plan del Padre aquí en la tierra.

Todo lo creado fue puesto bajo el gobierno del hombre que fue formado y eso incluye al diablo porque él fue creado. Luego de las asignaciones, el Padre le dio una orden muy clara al hombre, para que a su vez se la comunicara a su mujer:

Tomó, pues, YHVH 'Elohim al hombre y lo puso en el huerto de Edén para que lo cultivara y guardara.

Y ordenó YHVH 'Elohim al hombre diciendo: De todo árbol del huerto come libremente,

pero del árbol del conocimiento del bien y del mal, no comerás de él, porque el día que comas de él, ciertamente morirás.

—Génesis 2:15-17 BTX

El Padre lo estableció en su posición de hijo, en el huerto, para que fuera el mayordomo del mismo. Luego da la orden aunque la mujer no estaba físicamente cuando Adán recibe la instrucción. Por lo tanto, la instrucción fue dada a Adán, pero trasmitida por él a su esposa cuando fue formada y puesta a su lado. Todo estaba en orden. No sabemos cuánto tiempo transcurrió desde que la mujer fue formada hasta el día en que la serpiente aparece en escena para entablar una conversación innecesaria, astuta, manipuladora y mal intencionada con la mujer.

Me parece que no fue una conversación de un solo día ni de una sola vez. Posiblemente pasaron varios días en los que se desarrollaron conversaciones entre la mujer y la serpiente. A menudo, la manera del enemigo operar es a través de la sutileza, tomando como estrategia usar lo que parece inofensivo —y sin importancia— para lograr desenfocar o desestabilizar a un hijo de destino. Así que cuide con quien establece conversaciones, no sea que esté relacionándose con una serpiente y no se haya dado cuenta.

Pero la serpiente era astuta, más que toda bestia del campo que YHVH 'Elohim había hecho. Y dijo a la mujer: ¿Conque 'Elohim ha dicho: No comáis de ningún árbol del huerto?

Y dijo la mujer a la serpiente: Del fruto de los
árboles del huerto podemos comer,
pero del fruto del árbol que está en el medio del
huerto, ha dicho 'Elohim: No comais de él ni lo
toquéis, para que no muráis.
Entonces dijo la serpiente a la mujer: Ciertamente
no moriréis,
sino que sabe 'Elohim que el día que comáis de él,
se os abrirán los ojos y seréis semejantes a 'Elohim,
conocedores del bien y del mal.

—Génesis 3:1-5 BTX

Aquí aparece por primera vez en escena el diablo, luego de ser expulsado y de haber quedado desempleado. En mi opinión, me parece que no pudo soportar ver que el Padre había formado dos hijos hermosos, a los cuales les otorgó autoridad y gobierno sobre todo lo que fue creado y que los plantó en el huerto para que vivieran como reyes, sin que nada les faltara.

Lo primero que vemos manifestado en la conversación es una mentira. La serpiente le dice a la mujer algo que el Padre nunca le dijo a Adán: "que no podía comer de ningún árbol". Cuando lo que se le instruyó fue que, de todos podía comer, menos de uno. Lo segundo que la serpiente le dice es que no morirán si comen del árbol, contrario a la instrucción que el Padre les dio, de que el día que comieran, ciertamente morirían. Tercero, vemos a la serpiente diciendo que el día que coman serían semejantes a *'Elohim*, cuando en el diseño original ellos fueron formados a la semejanza de *'Elohim*. Vemos aquí un principio: el diablo no tenía ni tiene ninguna autoridad. Es por esa razón que cuando aparece la serpiente no viene dando órdenes ni instrucciones, sino que se presenta de una manera sutil y seductora. Ella sabía que no tenía ninguna autoridad, pero reconocía que el hombre y la mujer fueron asignados como los gobernantes de todas las cosas: la tierra, los animales y todo lo que creado, incluyéndolo a él. Es muy importante entender este principio: el diablo no puede quitarle nada que usted, voluntariamente, no le entregue, él no tiene la legalidad ni la autoridad para hacerlo.

Había una orden, una instrucción y un resultado. No se trataba de simplemente de quedar desnudos. Habría consecuencias que marcarían a la humanidad de manera generacional. Cuando escudriñamos las Escrituras, vemos que el diseño a través del cual el Padre opera es generacional. Fuimos establecidos con tanta bendición y con un propósito tan grande y extenso, que con una generación no bastaría para apreciarlo y verlo cumplido en su totalidad. Es un diseño de padres e hijos.

Así, vio la mujer que el árbol era bueno para comer, y que era agradable a los ojos, y que era el árbol deseado para alcanzar conocimiento. Y tomó de su fruto y comió, y dio también a su marido, que estaba con ella, y él comió.

Entonces se les abrieron los ojos a ambos y se dieron cuenta de que estaban desnudos, y cosieron follaje de higuera, y se hicieron ceñidores para sí mismos.

Y oyeron el sonido de YHVH 'Elohim paseando por el huerto a la brisa del día, y se escondió el hombre y su mujer de la presencia de YHVH 'Elohim entre los árboles del huerto.

Pero YHVH 'Elohim llamó al hombre y le dijo: ¿Dónde estás?

Y contestó: He oído tú sonido en el huerto y he tenido miedo porque estoy desnudo; y me he escondido.

> *Y dijo: ¿Quién te ha indicado que estás desnudo?*
> *¿Acaso has comido del árbol del cual te ordene que*
> *no comieras?*
> *Y dijo el hombre: La mujer que pusiste conmigo,*
> *ella me ha dado del árbol y he comido.*
>
> —Génesis 3:6-12 BTX

Escudriñemos estos versículos y veamos qué sucedió. La mujer comienza a creer lo que la serpiente le está hablando y aquí vemos el desenlace de varias situaciones. La primera es que la mujer entabla una conversación y escucha a la serpiente a la que tenía que gobernar. Segundo, comienza a dar por cierto lo que la serpiente le habla. Como consecuencia de ello, ahora empieza a ver como bueno lo que el Padre le instruyó a Adán, y a su vez a ella, como un fruto prohibido. La instrucción del Padre siempre es para bien. Es mejor un "no" de un padre que le haga llorar a un "sí" de alguien que le haga morir. Tercero, cuando eso sucede y la conversación se está desarrollando, la mujer estaba sola; o sea, desconectada de su cabeza Adán, del padre de donde había salido. Estaba fuera de su área de protección. Luego de tomar del fruto, se acercó al hombre y le dio a comer. De esta manera, ambos comieron. Vemos aquí la sutileza que usó el enemigo, al separar a la mujer de su cabeza para convencerla, luego usando a la mujer para que el hombre también comiera. Habría sido más difícil si la conversación la hubieran emprendido el hombre y la mujer juntos.

> *Y si alguien prevalece contra uno, dos lo resistirán;*
> *y cordel de tres dobleces no se rompe el pronto.*
>
> —Eclesiastés 4:12 BTX

De inmediato, vemos la consecuencia de haber desobedecido. Se les abren los ojos y se dan cuenta de que están desnudos. Parecía que no era un problema muy difícil de resolver, así que buscaron hojas de higuera, las cosieron y se cubrieron. A sus propios ojos todo estaba resuelto, pero realmente no era así. Mientras se escondían, escucharon el sonido del Padre que los había formado e instruido y trataron de esconderse entre los árboles del huerto, pero es aquí cuando el Padre le pregunta al hombre: ¿Dónde estás? Pareciera que el Padre no sabía dónde estaban, pero realmente Él no les estaba preguntando su ubicación geográfica, su pregunta era más profunda. Tenía como intención ver si el hombre captó que, a causa de su acción, había entrado en la condición de pecado y perdido su posición de hijo y de gobernante.

Ellos siempre estuvieron desnudos, siempre tuvieron sus ojos abiertos, pero al pecar quedaron descubiertos, ya el Padre no los cubría, ellos voluntariamente abandonaron su posición de gobierno. Ahora no gobernaban todas las cosas, sino que el pecado los gobernaba a ellos. Por eso fue que buscaron cómo cubrirse con hojas de higuera. Esa situación no es algo del pasado, hoy muchos pueden estar caminando en la misma condición de desnudez. Esto no se trata de estar bajo "cobertura" del concilio tal o de la denominación cual, porque eso no fue parte ni del diseño original ni del de Jesús el Mesías. Se trata de estar bajo paternidad. Es tener unos padres en la tierra que puedan ver más allá de la condición actual de usted, que puedan ver su posición, aunque la perdiera momentáneamente. Es un asunto espiritual. No se puede cubrir con hojas. No se resuelve entrando en alianza o siendo parte de un concilio. Se cubre entrando en el diseño. Hoy es un excelente día para comenzar de nuevo.

"Su condición no puede cambiar su posición, pero su posición puede transformar su condición".

Luego vemos que Adán, cuando el Padre le pregunta sobre lo que había hecho, responde con "la mujer que me diste", cuando realmente era su responsabilidad. Él era el padre asignado para gobernar y rendir cuentas. Cuando a la mujer se le pregunta lo mismo, responde: "La serpiente", o sea, nadie quiso asumir la responsabilidad, pero eso no los eximió de las consecuencias.

Muchos tienden a señalar a la mujer por todo lo que sucedió, sin embargo, cuando vemos las Escrituras nos damos cuenta de que en el orden de la formación, Adán fue el primero y fue a él a quien el Padre le dio la tarea de ponerle nombre a todos los animales, o sea, que fue Adán quien le puso el nombre a la serpiente y fue él mismo quien se la presentó a la mujer. Esa situación se repite a través de los años. Es muy difícil encontrar personas que asuman la responsabilidad de sus actos. Es más fácil culpar a otros, al diablo e inclusive a Dios, de las cosas que nos suceden o de lo que vivimos. No obstante, la realidad es que la inmensa mayoría de las veces, lo que vivimos hoy y, más aun, lo que viven nuestros hijos y nuestras generaciones es la consecuencia de lo que decidimos ayer.

Muchas personas viven portando la genética del primer Adán, culpando a todos, pero sin querer asumir responsabilidad por sus malas decisiones. Es muy importante entender que toda decisión que tomemos, afectará nuestras generaciones. Acto seguido, vemos al Dios Padre pronunciando su dictamen sobre lo acontecido, hablando la primera palabra profética en el antiguo pacto, anunciando al Mesías que vendría y recalcando las consecuencias de haber abandonado su posición para entrar en la condición de pecado. Pero también vemos la sentencia sobre la serpiente y su descendiente. Se establece al Hijo de Dios aplastándole la cabeza al diablo.

Entonces dijo YHVH 'Elohim a la serpiente: Por cuanto has hecho esto, ¡Maldita tú entre todos los animales y entre todas las bestias del campo! Sobre tu vientre andarás, Y polvo comerás todos los días de tu vida.

Y pondré enemistad entre ti y la mujer, Y entre tú descendiente y su descendiente. Él te aplastará la cabeza cuando tú hieras su calcañar.

A la mujer dijo: Multiplicaré en gran manera tus dolores y tus preñeces, Con dolor parirás los hijos, Y tendrás deseo de tu marido, pero él te dominará.

Y al hombre dijo: Por cuanto has atendido a la voz de tu mujer, Y has comido del árbol del cual te ordené, diciendo: No comas de él, ¡Maldita sea la tierra por causa tuya! Con fatiga comerás de ella todos los días de tu vida.

Espino y abrojo te brotará y comerás hierba del campo.

Con el sudor de tu rostro comerás pan hasta que retornes a la tierra, porque de ella fuiste tomado, pues polvo eres y al polvo volverás.

Y el hombre llamó el nombre de su mujer Eva, por cuanto ella llegó a ser madre de todo viviente.

—Génesis 3:14-20 BTX

El destino, la forma, la manera de vivir, de alimentarse y multiplicarse cambió en un instante, y todo por la desobediencia al Padre, por haberse salido del diseño.

Capítulo 4

OVEJAS Y SIERVOS

En este capítulo hablaremos un poco sobre la transición y el estado en que quedó el hombre cuando libre y voluntariamente entregó y perdió su posición, y comenzó a vivir en la condición de pecado.

Este es un asunto que no solo afectó ese momento de la vida del hombre, sino que hasta el presente, lamentablemente, cientos de millones de personas continúan viviendo de la misma manera y sufriendo por lo mismo. Después que el Padre dictara la sentencia sobre el hombre y la serpiente, sucedió algo muy interesante.

Entonces YHVH 'Elohim hizo túnicas de pieles para Adam y su mujer, y los vistió.
—Genesis 3:21 BTX

En este versículo vemos la primera manifestación de la gracia ante el pecado del hombre. El Padre pudo haber dejado al hombre en la condición en la que él —por propia decisión— había caído, pero no lo hizo. Más allá de eso, manifestó amor, misericordia. Estableció ahí la primera palabra profética que pondría en marcha la manifestación de su Hijo. Pero no solo el Padre habla del plan redentor, sino que también manifestó su corazón paternal. El hombre y la mujer se hicieron ceñidores de higuera para cubrirse, estaban desesperados porque su acción abrió la puerta para salir de la dimensión de hijos y simultáneamente abrían otra para entrar en la condición de siervos. Pero el texto nos muestra lo que el Padre hizo para cubrirlos de manera temporal, mientras llegaba el tiempo en que ya no serían cubiertos, sino que recibirían una transfusión de sangre y genética de forma final y permanente. Se realizó el primer sacrificio de animales para cubrir el pecado del hombre. Una oveja es sacrificada, hay derramamiento de sangre, y el mismo Padre preparó túnicas con las pieles para cubrir al hombre y la mujer. De ahí en adelante comenzamos a ver al hombre tomando identidad de oveja, la identidad de lo que lo cubría. Ahora ya no son hijos, sino ovejas y siervos a causa del pecado y la pérdida de su posición.

Es muy importante entender este punto: usted va a tomar la identidad de aquello que le cubre. Por eso es muy significativo comprender que la posición asignada en el Reino no es negociable. Cuidado con las soluciones eventuales porque pueden terminar dándole la identidad de lo que realmente no es. El problema mayor es que la mentalidad de los que hoy se congregan en la mayoría de las iglesias cristianas evangélicas del mundo está condicionada al lenguaje de los siervos y las ovejas. En muchos de los lugares que visito, tengo que llegar a establecer principios bíblicos para romper con esa mentalidad religiosa y tradicional.

Veamos lo que dicen las Escrituras en uno de los versículos más conocidos, pronunciados y utilizados:

> *Porque de tal manera amó Dios al mundo, que dio a su Hijo Unigénito, para que todo aquel que en Él cree, no se pierda, mas tenga vida eterna.*
>
> —Juan 3:16 BTX

Notemos que en este versículo se habla de la acción del Padre para rescatar al hombre y librarlo de la muerte, lo cual hace a través de un hijo, pero no solo es un hijo, sino que es su único Hijo. Lo que debemos preguntarnos es lo siguiente: si el mundo estaba lleno de gente, ¿por qué dice que Dios entregó a su único Hijo? ¿Qué era o eran el resto de los humanos? Y la respuesta es la siguiente: el resto de los humanos estaban en la condición de siervos y ovejas. El

Padre solo tenía un hijo, el que vendría como el segundo Adán, Jesús el Mesías. Todos estábamos destinados a ser hijos, pero nos desviamos. Estábamos muertos en nuestros delitos y pecados. Respirábamos, pero no teníamos vida. Es por esa misma razón que Romanos dice:

> *Porque a los que antes escogió, también los predestinó a ser de la misma forma de la imagen de su Hijo, para que Él sea primogénito entre muchos hermanos.*
>
> —Romanos 8:29 BTX

La condición del principio nos desligó de nuestra posición de hijos. El Padre solo tenía una opción para resolver la condición del hombre y era su único Hijo, Jesús el Mesías, el que vendría como el segundo Adán. O sea, aquí vemos cómo el unigénito viene a la tierra para ser el hijo del sacrificio, a dar su vida, a derramar su sangre, para luego ser resucitado y entonces sacarnos de la condición de siervos y ovejas, con el fin de posicionarnos como hijos. Él deja de ser el unigénito para convertirse en primogénito.

Ya no estamos cubiertos con piel de oveja, como al principio, ni es la sangre de oveja la que se derramó, sino la de un hijo que tomó nuestro lugar, nos redimió, nos lavó y recibimos su transfusión de sangre. Celebre que ya no es oveja ni siervo, sino que es hijo.

> *A lo suyo vino, y los suyos no lo recibieron,*
> *pero a todos los que lo recibieron, a los que creen en su nombre, les dio potestad de ser hechos hijos de Dios,*

los cuales no nacieron de sangre ni de voluntad de carne, ni de voluntad de varón, sino de Dios.
—Juan 1:11-13 BTX

Podemos ver claramente que el propósito del Padre al enviar al Hijo no solo era para salvación, sino que incluía devolver al hombre al estado original, en el que el hombre gobernara sobre todo y solo fuera gobernado por el Padre. Ir hacia adelante no está sujeto a nuestra dirección, sino a la del Padre. El hombre había tomado su propio rumbo, pero ahora a través de Jesús el Mesías tiene la oportunidad de retomar el camino a la dimensión del Edén. Ser hijo no solamente es un decir, realmente es un poder, es una posición, identidad, herencia, destino, autoridad, orden, legalidad. Es el diseño del Padre.

Y antes que viniera la fe, estábamos encerrados bajo la ley, confinados para la fe que iba a ser revelada.

Así que la ley ha sido nuestro tutor hasta el Mesías, para que por medio de la fe fuéramos declarados justos.

Y habiendo venido la fe, ya no estamos bajo tutor, pues todos sois hijos de Dios por la fe en Jesús el Mesías.

Porque todos los que fuisteis bautizados en el Mesías, del Mesías estáis revestidos.

No hay judío ni griego, no hay siervo ni libre, no hay varón ni hembra: porque todos vosotros sois uno solo en Jesús el Mesías.

Y si vosotros sois del Mesías, entonces sois descendencia de Abraham, herederos según la promesa
—Gálatas 3:23-29 BTX

Después del pecado, todo cambió. El hombre dejó de gobernar para ser gobernado y fue asignado a un tutor llamado ley, con la intención de demostrar su condición pecaminosa y dirigirlo al Mesías para ser justificado por la fe en Él. Posterior a la venida del Mesías, ahora todos tenemos la oportunidad de recibirlo, retomar nuestra posición de hijos y soltar la cobertura de ovejas para ser revestidos por el Mesías. Solo entonces, retomamos nuestra identidad y nuestra posición.

Digo pues: mientras el heredero es menor de edad, aunque es señor de todo,en nada difiere de un siervo, sino que está bajo tutores y administradores hasta el tiempo señalado por el padre.

Así también nosotros, cuando éramos menores de edad, estábamos esclavizados bajo los rudimentos del mundo.

Pero cuando vino el cumplimiento del tiempo, Dios envió a su Hijo, nacido de mujer, nacido bajo la ley,

para que redimiera a los que estaban bajo la ley, a fin de que recibiéramos la adopción de hijos.

Y por cuanto sois hijos, Dios envió el Espíritu de su Hijo a nuestros corazones, el cual clama: ¡Abba! (Padre).

Así que ya no eres siervo, sino hijo, y si hijo, también heredero por medio de Dios.

—Gálatas 4:1-7 BTX

La llegada del que era el Unigénito de Dios en ese momento, nacido bajo la ley, en un mundo lleno de siervos y ovejas, no solo trajo salvación, sino también libertad, legalidad e identidad a los que vivíamos sin esperanza en el mundo. Pero también trajo redención para libertarnos de la condición y recibir la adopción de hijos. Es por eso que es muy importante recibir la revelación de la paternidad. Si no logramos vernos como el Padre nos ve, no podremos cumplir nuestra asignación en la tierra. Mientras sigamos viendo las iglesias como corral de ovejas y refugio para siervos, nunca podremos vivir y heredar la dimensión de hijos. Si Jesús el Mesías no nos llama siervos, ¿por qué permite que otra persona lo haga?

Ya no os llamo siervos, porque el siervo no sabe qué hace su señor; pero os he llamado amigos, porque todas las cosas que oí de mi Padre, os las di a conocer.

—Juan 15:15 BTX

Hemos escuchado a muchos por años y a través de una falsa y mal establecida humildad, llamar a otros y llamarse ellos mismos "siervos", cuando realmente lo que eso hace es pasar por alto y menospreciar el sacrificio, la muerte y la resurrección de Jesús el Mesías, que tenía como intención librarnos de esa condición. Otros mencionan el hecho de que el apóstol Pablo se llama a sí mismo siervo, pero tenemos que ver cuál fue la vida que Pablo llevaba antes de conocer a Jesús el Mesías. En su rol de Saulo, fue un perseguidor y hostigador de todos los que seguían a Jesús, por lo tanto, a pesar de haberse arrepentido, su maldad del pasado lo hacía en ocasiones menospreciarse a sí mismo. Sin embargo, nunca lo expresó como un mandato, sino como algo propio.

De todos modos, para mí, es más importante lo que Jesús dijo que la opinión de Pablo.

Así que a partir de ese momento asuma su postura. El tiempo de los siervos terminó, ahora somos hijos y si hijos, herederos. Estamos muy conscientes de que Jesús el Mesías vino para servir y no para ser servido, pero siempre sirvió desde su posición de Hijo. El servicio es una parte esencial en la vida de cada persona que ha conocido a Jesús, pero es muy importante servir con identidad y conciencia de hijos.

Porque mis pensamientos no son vuestros pensamientos, Ni vuestros caminos mis caminos, dice YHVH.

Porque como los cielos son más altos que la tierra, Así mis caminos son más altos que vuestros caminos, Y mis pensamientos más que vuestros pensamientos.

—Isaías 55:8-9 BTX

Capítulo 5

INSTRUCCIÓN + OBEDIENCIA = PRESERVACIÓN

Después de la situación del pecado en el principio, el hombre continuó multiplicándose y expandiéndose sobre la tierra, ya no a la imagen del Padre, sino a su propia imagen (la de pecado).

Diez generaciones transcurrieron desde el día en que Adán fue formado hasta el día que apareció en escena un hombre llamado Noé.

Había vivido Lamec ciento ochenta y dos años cuando engendró un hijo.

Y llamó su nombre Noé, diciendo: Éste nos aliviará de nuestras obras y de la fatiga de nuestras manos, de la tierra que maldijo YHVH.

Y después de engendrar a Noé, vivió Lamec quinientos noventa y cinco años, y engendró hijos e hijas.

Y fueron todos los días de Lamec setecientos setenta y siete años, y murió.

Era Noé de quinientos años cuando engendró Noé a Sem, a Cam y a Jafet.

—Génesis 5:28-32 BTX

El nombre Noé significa descanso, paz, comodidad o "el que es consolado". Lamec, el padre de Noé dijo sobre él: *Este nos aliviará de nuestras obras y de la fatiga de nuestras manos, de la tierra que maldijo YHVH.*

Luego de engendrar a Noé, Lamec vivió quinientos noventa y cinco años, para un total de setecientos setenta y siete años de existencia. Parece simplemente un numero alto de años pero, en realidad, era el número de lo completo, de lo perfecto tres veces 7, es decir, "777".

El Padre había determinado que una generación nueva se levantaría, se establecía un nuevo tiempo a través de un hombre que operaba en justicia. Fíjese que el Padre no consideró lo que rodeaba a Noé, sino la justicia con la que él operaba. Luego de generaciones que entraron en caminos de maldad, el Padre trae a la tierra a un hombre justo llamado Noé. Parecía un nacimiento más, pero realmente era la esperanza para preservar la palabra que el Padre había pronunciado después de la caída y el pecado del hombre, ya que todo lo que el Padre se ha propuesto hacer, siempre ha sido y será a través de un hijo convertido en padre.

Usted que me lee, puede pensar que su nacimiento es uno como todos los demás, pero la realidad es que el Padre diseñó hijos como usted para ser parte de su plan paternal en este tiempo. Cuando el Padre entrega una palabra, Él mismo está comprometido con ella. Por eso es que este hombre justo, llamado Noé, halló lo que no otros no hallaron y eso fue la manifestación de la gracia del Padre.

Pero Noé halló gracia ante los ojos de YHVH.
—Génesis 6:8 BTX

El Padre estaba determinado a preservar a Noé, a su esposa y a sus hijos. Es interesante ver cómo, a pesar de que todos los de su casa se salvarían, el Padre solamente habló con Noé; y la única razón de eso, es por el hecho de ser el padre de esa familia. Venía un gran diluvio para poner fin a la humanidad, sería algo universal. El Padre comienza dándole las instrucciones de lo que será la construcción de una enorme embarcación en la que Noé, su familia y los animales permanecerían mientras el diluvio y sus aguas inundaban la tierra. Para muchos era solo una instrucción, pero para ese hombre era hablar y accionar en algo que nunca había ocurrido, ya que en ese tiempo ni siquiera llovía, sino que un rocío era lo que regaba la tierra. O sea, que el Padre le estaba pidiendo a Noé que construyera un arca para protegerse de un diluvio en un lugar donde nunca había llovido.

No obstante, Noé escuchó atentamente las instrucciones y comenzó la construcción. No había espacio para improvisaciones, el diseño era perfecto y exacto. En cuanto a usted, no desatienda nunca la instrucción de un padre. Aquel fue un largo período. Algunos estudiosos dicen que fue de 100 años, otros piensan que fueron 120, pero la realidad es que sabemos que fueron muchos años en los que Noé, junto a su familia, tuvo que creer y construir aquella nave por instrucción divina. Algunos eruditos afirman que Noe construía a toda prisa durante el día y, en la noche, desarmaba parte de lo que había construido. La razón era porque había un tiempo determinado por el Padre para la construcción y el diluvio.

Los hijos reales no se apresuran a su llamado, no corren tras supuestas oportunidades, no se adelantan a los tiempos, sino que saben escuchar la instrucción del padre para ser preservados. No se trata de rapidez, se trata de seguir instrucciones y el plan establecido. Si Noé avanzaba y estaba adelantado, significa que había hijos que traían madera y materiales, que estaban centrados y enfocados en trabajar junto a un padre diligente, para concluir la asignación y la encomienda de la construcción.

Es muy claro ver en la historia de Noé, cómo vuelve el Padre a utilizar el mismo modo que al principio: un padre para establecer su deseo. Primero Adán, ahora Noé. Hay algo que debemos mantener y es el enfoque, la fidelidad y la lealtad a los padres que el Eterno le asignó a usted para formarle y llevarle a su destino. Me parece que el Padre ha establecido y levantado padres en este tiempo y lo único que hace falta son hijos que entiendan que es tiempo de traer madera para construir y echar los cimientos de la paternidad responsable para las generaciones que se avecinan. Lo que preservó a Noé y a su familia fue la integridad y la obediencia de un padre. Lo que preservará a nuestras generaciones, será la obediencia al entrar en el diseño de la paternidad, tal y como está establecido en el principio.

Había una madre, unos hijos y unas yernas que fueron preservadas por la instrucción que el Eterno le dio a un padre. A menudo, como en el caso de Noé, puede parecer ilógica la instrucción del padre, pero de algo estoy seguro: en este tiempo, el Eterno usará su diseño de paternidad para traer orden, formación y destino a sus hijos en la tierra. Las instrucciones serán claras, aunque lo que se le haya ordenado a usted parezca absurdo y sin sentido. No entender no será una excusa para no actuar. Estoy seguro de que Noé pensaba que en el arca podían guarecerse de la lluvia, pero jamás pensó que el arca flotaría.

Recuerde que para usted y para mí ver barcos es común, pero en el tiempo en que el Padre le habló a Noé, esas naves no existían. Por lo tanto, me parece que la sorpresa más grande se la llevó Noé cuando, en medio de la lluvia que caía por primera vez y del agua que brotaba de la tierra que se había abierto, la enorme construcción comenzó a moverse y a flotar sobre la corriente acuosa. ¡Qué sorpresa se llevaron! Ser obediente le hará flotar donde todo lo demás se hunde.

La instrucción seguida de obediencia, ha de preservarle.

Capítulo 6

LA NECESIDAD DE UN PADRE EN LA TIERRA

Tras el pecado del hombre toda la tierra sufrió cambios. Cuando el hombre fue creado, según lo que dicen las Escrituras en Génesis 1:26-27, fue a la imagen y semejanza del Padre. Luego este decidió crear a la mujer, lo que hizo tomándola del hombre; y fue hecha semejante a él. La intención era multiplicar la esencia del Padre que los formó en la tierra. Pero, lamentablemente, haber desobedecido las instrucciones que les dio, cambió por completo el panorama. Comieron del árbol que se les había dicho que no comieran y se convirtieron en pecadores.

> *Este es el libro de las generaciones de Adam.*
> *El día en que 'Elohim creó al hombre, lo hizo a imagen de 'Elohim.*
> *Macho y hembra los creó, y los bendijo.*
> *Y el día que fueron creados llamó el nombre de ellos Adam.*
> *Y había vivido Adam ciento treinta años cuando engendró a su semejanza, conforme a su imagen, y llamó su nombre Set.*
> —Genesis 5:1-3 BTX

El primer Adán fue formado a la imagen y semejanza del Padre, fue establecido en la posición y en la dimensión de hijo y —por consecuencia— todo lo que engendre en esa dimensión será bajo el diseño de hijo. Pero, por desdicha, cuando engendró —en unión de su mujer— ambos ya estaban fuera del diseño, fuera de la posición y viviendo bajo la condición de pecado. Ahora Adán engendra, pero a su propia semejanza, ya no es a la semejanza del Padre, sino a la de un padre pecador llamado Adán.

Entonces la concupiscencia, después que ha concebido, engendra el pecado, y el pecado, ya desarrollado, da a luz la muerte.

—Santiago 1:15 BTX

La intención del Padre fue formar a un hombre que fuera padre y que se multiplicara en hijos, que a su vez se convirtieran en padres para reflejar su imagen y su esencia en la tierra que les entregó y donde los plantó. Ese fue y es el diseño, el orden del Formador. De esa manera el hombre que portaba vida, engendraría vida, no pecado, que fue lo que engendró muerte en ellos.

Ahora tenemos hombres pecadores, engendrando más hombres pecadores. Dicen las Escrituras que se había multiplicado la maldad y, a causa de eso, Dios estaba molesto.

Y YHVH sintió pesar de haber hecho al ser humano en la tierra, y se entristeció en su corazón.

Y dijo YHVH: Borraré de sobre la faz de la tierra a los seres que he creado, desde el humano hasta la bestia, el reptil y las aves de los cielos, pues me pesa haberlos hecho.

Pero Noé halló gracia ante los ojos de YHVH.

—Génesis 6:6-8 BTX

La humanidad se multiplicó y con ella el pecado. Todo estaba corrompido. El corazón del Padre estaba entristecido, por lo que ni el pecado del hombre ni su condición pecaminosa, ni el rumbo que tomó ni el dolor que le causó a Dios, pudo cambiar el corazón del Padre. Ya Él había dado la palabra y nada lo haría cambiar. Sin embargo, miró entre todos los humanos y encontró a un hombre justo llamado Noé, un padre que —entre muchos— halló gracia. Fíjese que aunque el tiempo de la manifestación del Hijo no había llegado, ya la gracia estaba en acción, lo cual nos permite ver que la gracia siempre ha existido, aun antes de la ley. La gracia no es Cristo, sino la esencia del corazón del Padre que se manifestó a través de un Hijo llamado Jesús el Mesías, que fue el instrumento para extenderla a nosotros. Notemos que quien halló gracia fue un padre llamado Noé. Por él y a causa de él, toda su familia alcanzó la misma gracia. A través de ese acto del Padre y, a causa de la palabra profética que había hablado luego del pecado de Adán, se preserva y conserva la humanidad. Una palabra tiene la capacidad y el poder para preservar generaciones.

Luego encontramos el evento de la torre de Babel.

Y dijeron: ¡Venid! Construyámonos una ciudad y una torre con una representación de los cielos. Y hagámonos un nombre, no sea que seamos esparcidos por la faz de toda la tierra.
—Génesis 11:4 BTX

El hombre deseaba alcanzar lo que sabía que perdió y eso era su conexión con el cielo. Había un vacío, algo no estaba bien y es que, en realidad, el hombre fue formado de cerca, para estar cerca. Así que, a la distancia, comenzaron a construir una torre que conectara la tierra con el cielo. La orfandad que se manifestaba en el corazón del hombre le restaba su esencia celestial.

Era Abram de noventa y nueve años cuando YHVH se le apareció a Abram, y le dijo: Yo soy 'El-Shadday, anda delante de mí, y sé perfecto, y estableceré mi pacto entre Yo y tú, y te multiplicaré en gran manera.

Entonces Abram se echó de bruces, y 'Elohim le habló diciendo:

En cuanto a mí, este es mi pacto contigo: Serás padre de una multitud de pueblos.

Y no se llamará más tu nombre Abram, sino tu nombre será Abraham, porque te he constituido padre de una multitud de pueblos.

Te haré fecundo en gran manera, haré naciones de ti, y de ti saldrán reyes.

Yo establezco mi pacto entre Yo y tú, y tu descendencia después de ti en sus generaciones como alianza eterna, para ser el Dios tuyo y el de tu descendencia después de ti.

—Génesis 17:1-7 BTX

Había necesidad de paternidad en la tierra, a causa de que ese era el diseño original del Padre. Por ello, el Padre escoge a un hombre llamado Abram. Vemos aquí nuevamente el deseo del Padre manifestado: Él quería reflejar y manifestar su imagen y su esencia de paternidad en la tierra, lo cual hizo al escoger a Abram. Parecía un acto sencillo, pero aquello implicaba el destino de generaciones, el encuentro de un siervo llamado Abram con el Padre. Este le cambia el nombre, le da una nueva identidad y le define su asignación en la tierra, pero también establecería el destino para las generaciones hasta el día de hoy. Ese es el diseño y el modelo. El hecho de que el Padre llamara y estableciera a Abraham como padre en la tierra, no hace a Dios menos Padre, al contrario, lo reafirma. La intención del Padre desde un principio siempre fue reflejar, a través de hijos en la tierra, su esencia de Padre.

Dijo también 'Elohim a Abraham: A tu mujer Saray
no la llamarás Saray, sino que su nombre será Sara,
y la bendeciré y también te daré un hijo por medio
de ella. Sí, la bendeciré y haré de ella naciones, y
reyes de pueblos procederán de ella.

—Génesis 17:15-16 BTX

El Padre no solo le cambió el nombre a Abram, sino también a su esposa Saray. Ahora observemos que cuando el nombre de Abram es cambiado, el Padre le habla directamente a él. No obstante, para cambiárselo a Saray, lo hace a través de su esposo Abraham, al que acababa de constituir padre de multitudes y naciones. La legalidad de un cambio de nombre siempre estará conectada al ámbito de la paternidad. El Padre honra sus propios diseños, mostrando que el encuentro con un padre trae identidad, cambio de nombre y dirección. Muchas de las situaciones que el ser humano enfrenta hoy están ligadas a la falta de paternidad. Mucha gente vive conectada a un viejo y caducado estilo, a sus antiguos nombres. Solo necesitan encontrarse con un padre espiritual que legalmente les conceda una nueva identidad. Abraham es establecido como padre de multitudes y naciones de manera permanente. Mostrando así el deseo y la necesidad del Padre de establecer paternidad en la tierra.

A través de la Escritura podemos observar cómo todo hombre o mujer señalado por el Padre para una asignación tuvo que renunciar a sí mismo para hacer la voluntad del que lo escogió.

En el caso de Abram, tuvo que dejar su tierra y su parentela, el lugar que conocía, para salir a un lugar que no conocía. Seguir la voz del Padre trae como recompensa bendición y el cumplimiento de la palabra recibida. Según vemos en la Escritura, hubo siete promesas involucradas en un simple acto de obediencia. Todo estaba decidido, solo faltaba que creyera.

Ahora bien, YHVH había dicho a Abram: Vete de tu tierra, de tu parentela y de la casa de tu padre, a la tierra que te mostraré.

Y haré de ti una nación grande, y te bendeciré y engrandeceré tu nombre, y serás bendición.

Bendeciré a los que te bendigan, y maldeciré al que te maldiga, y en ti serán benditas todas las familias de la tierra.

—Génesis 12:1-3 BTX

Creer no siempre es lo más fácil, pero siempre es lo mejor, lo correcto y lo perfecto. Hoy puede ser un excelente día para aceptar su plan maravilloso. La promesa que el Padre le hizo a Abram incluía a su esposa Saray, ya que él era la semilla, pero ella era el vientre asignado.

La paternidad no es un diseño que está asignado solamente al hombre. La mujer tiene su asignación en ese diseño. Hay madres asignadas y conectadas al diseño. Veamos lo que la Escritura nos enseña:

Porque así también se ataviaban en otro tiempo las santas mujeres que esperaban en Dios, estando sujetas a sus maridos;

como Sara obedecía a Abraham, llamándolo señor; de la cual vosotras fuisteis hechas hijas haciendo el bien, sin temer a ninguna amenaza.

—1 Pedro 3:5-6 BTX

Vemos aquí cómo se presenta el hecho de que no solo Abraham era padre de multitudes, sino que también se nos muestra a Sara como madre de generaciones. Necesitamos entender que este diseño trasciende los años y los tiempos. Es el diseño del Padre.

Decidme, los que deseáis estar bajo la ley: ¿No ponéis atención a la ley?
Porque está escrito que Abraham tuvo dos hijos: uno de la esclava, y uno de la libre.
El de la esclava nació según la carne, pero el de la libre, según la promesa.
Las cuales son alegorías, porque éstas representan dos pactos: una, Agar, del monte Sinay, engendra para esclavitud.
Ahora bien, Agar es el monte Sinay en Arabia, y es figura de la Jerusalem actual, pues está esclavizada con sus hijos.
Pero la Jerusalem de arriba, la cual es nuestra madre, es libre.

—Gálatas 4:21-26 BTX

En este otro versículo vemos cómo se nos habla de dos madres, una llamada Agar, madre de los esclavos y la otra, llamada Sara, madre de todos los que somos libres. En el Reino, la mujer juega un papel muy importante. De hecho, Jesús el Mesías no las discriminó, sino que las incluyó.

Sería un error dejar fuera del diseño de paternidad a la mujer.

Capítulo 7

EL DISEÑO GENERACIONAL

En las Escrituras encontramos al menos ochenta versículos que hablan de generaciones. Ese es el diseño intencional del Padre para el hombre.

Reconoce que YHVH tu Dios es 'Elohim, Dios fiel, que guarda el pacto y la misericordia para con los que le aman y guardan sus mandamientos hasta mil generaciones,
—Deuteronomio 7:9 BTX

Desde la generación de Adán hasta este tiempo se han levantado muchísimas generaciones. Cada una, ha tenido un rol en la humanidad y aunque —debido al sacrificio de Jesús el Mesías— no tenemos que cargar con culpa ni maldiciones de generaciones pasadas, hay situaciones que vivimos hoy que son consecuencias de las decisiones que tomaron nuestros antecesores. Sin embargo, nuestro enfoque está en entender y reafirmar que lo que el Padre destinó para nosotros, algo que es tan fuerte y tan grande que no alcanzaría con uno solo de nosotros nada más, sino que es necesario que se levanten generaciones de padres e hijos que se conecten a la visión y la asignación dada a un padre, para poder continuar con un legado y terminar la asignación del Padre en una generación particular.

Usted no puede ver su vida como un accidente. Tiene que verla conforme a como la diseñó el Padre.

Porque somos hechura suya, creados en Jesús el Mesías para buenas obras, las cuales Dios preparó de antemano para que anduviéramos en ellas.
—Efesios 2:10 BTX

Cada persona que nace en la tierra tiene como asignación reproducir el diseño del Padre. Hay un plan maravilloso tan grande y tan extenso que la vida de una sola persona no daría para cumplirlo y establecerlo. Por eso, su diseño es generacional. Cada padre tiene como asignación, trasmitir su genética a su generación. El enfoque del mundo es dejar finanzas, empresas, tierras y bienes materiales como herencia y, aunque eso es bueno, no es completo. Necesitamos entender el diseño generacional, a través del cual el Padre nos permite extender su plan determinado de bendición y expansión sobre cada familia. Es plasmar la genética de la intención original del Padre sobre los hijos, que es gobernar y sojuzgar la tierra. Todo lo que el Padre ha hablado es con la intención de tener continuidad y eso solo es posible a través del diseño generacional.

Hubo ocasiones en que los que nos antecedieron anduvieron en sus propios caminos desalineados del plan del Eterno, pero es precisamente ahí donde el Padre levanta hijos entendidos que se convertirán en los padres que cambiarán el rumbo equivocado que se había tomado.

Un ejemplo es cuando el hombre y la mujer fueron formados a la imagen del Padre. En un principio, la instrucción fue que multiplicaran la esencia de lo que habían recibido, o sea, que multiplicaran el diseño. Mas, al pecar y viendo lo que dice el libro de Génesis en el capítulo cinco, nos damos cuenta de que el hombre ya no engendra la imagen del Padre, sino que comienza a engendrar su propia imagen. Esta es una imagen distorsionada, que carga con la consecuencia del pecado de Adán. Aunque eso no deja sin efecto el diseño generacional.

Caín y Abel tenían en sus manos levantar una generación diferente. No podían hacer nada con el pasado, pero podían dirigir su descendencia en obediencia, asegurándose de que no cometieran los mismos errores de sus padres. Sin embargo, todos conocemos la historia. Dice la Escritura que ambos trajeron ofrendas al Padre. Caín trajo algo de la tierra, Abel trajo de los animales primerizos y de la grosura de su rebaño, agradándose de esta manera el Padre con la ofrenda de Abel y despreciando la de Caín. Eso provocó la ira de Caín, al extremo que mató a Abel.

> *Y Caín trataba a su hermano Abel, pero sucedió que cuando estaban ellos en el campo, Caín se levantó contra su hermano Abel y lo asesinó.*
>
> *Entonces YHVH dijo a Caín: ¿Dónde está tu hermano Abel? Y él respondió: No sé. ¿Acaso soy yo guardián de mi hermano?*
>
> *Pero Él dijo: ¿Qué has hecho? ¡La voz de la sangre de tu hermano clama a mí desde la tierra!*
>
> —Génesis 4:8-10 BTX

Un detalle interesante es el hecho de que cuando habla de la "sangre", en el original se refiere a "sangres". Queriendo decir, que lo que había muerto allí, no fue solamente Abel, sino que Caín también había matado las generaciones justas que se levantarían de él. Por eso es necesario entender que no se trata de usted solamente, sino que el Padre estableció una palabra sobre usted y sus generaciones. Le invito a hacer memoria hoy de todo lo que el Padre le ha hablado. Ahora mírelo no solo desde su alcance, sino tomando en consideración sus generaciones. Ellas son parte también. ¡No se limite! La PATERNIDAD es un diseño generacional. A través de Abraham, el Padre reestableció el diseño y su intención original, no solo para él, si no de manera generacional. Creemos por nuestras generaciones.

Capítulo 8

UN PADRE LLAMADO NOEMÍ

Narran las Escrituras que, en una ocasión, se desató una hambruna en Bet-léhem de Judá a tal punto que, un padre buscando escapar de la situación de su tierra, tomó a su esposa y a sus hijos rumbo a la tierra de Moab. Las Escrituras narran que, estando allí, el padre de familia —Elimelec— murió. De modo que Noemí y sus dos hijos —Mahlón y Quelión— quedaron solos; luego estos tomaron para sí mujeres moabitas, Orfa y Rut. Pasaron varios años y todo parecía marchar bien, ante la ausencia del padre los hijos asumieron el sostenimiento de sus respectivas esposas y de su madre viuda. Noemí no tenía de qué preocuparse. Sus hijos tenían la responsabilidad de mantenerla, honrarla y darle nietos.

Sin embargo, repentinamente, Mahlón y Quelión mueren sin haber dejado descendencia, quedando Noemí sola, junto a las que pasaron a ser sus hijas. Si la situación de Noemí fue triste al perder a su marido y quedar viuda, ahora se ponía sumamente difícil. Nada como pasar por la experiencia de perder también a sus dos únicos hijos y encontrarse en una tierra que no es la propia.

El núcleo familiar no era el tradicional, estaba incompleto. Faltaba la figura del padre manifestada en un hombre. Solo tenemos en escena a tres mujeres. Pero esa condición natural no estaba por encima del plan del Eterno para ellas. Vemos que Noemí les comenta a sus nueras, a las que llama hijas, lo siguiente:

Pero Noemí dijo: Volveos hijas mías, ¿por qué habéis de ir conmigo? ¿Tengo yo aún hijos en mis entrañas para que sean vuestros maridos?

Volveos hijas mías, id. Pues he envejecido como para tener marido, y aunque dijera: Tengo esperanza; y esta noche estuviera con marido, e incluso diera a luz hijos,

¿los esperaríais hasta que crecieran? ¿Os retrae-
ríais por ellos sin tomar marido? No, hijas mías;
tengo sobrada amargura por vosotras, pues la mano
misma de YHVH se ha desatado contra mí.

—Rut 1:11-13 BTX

Noemí abrió su corazón y les dijo que no tenía nada que darles, que por favor volvieran con sus parientes moabitas para que pudieran rehacer sus vidas. La condición no era para nada favorable. Tres mujeres viudas ahora se enfrentaban a la vida sin la esperanza de que las cosas mejoraran.

Noemí las presionó para que regresaran a los suyos, dejándolas en la libertad de rehacer su vida amorosa. Noemí, la madre, ahora estaba tomando la posición de jefe de familia, asumió el papel de padre. Noemí estaba considerando regresar a su tierra, a su entorno, al lugar de su nacimiento. La tierra de Moab no era la de Noemí. Si le resultaba extraño vivir allí con su familia, ahora el sentimiento se había intensificado ya que se le sumaba la soledad y la sensación de estar lejos de su tierra.

Algo que he aprendido a través de los años es que el Padre no discrimina, ni establece diferencia entre hombre y mujer, al momento de cumplir su propósito y su plan en la tierra. Donde un hombre no quiera caminar, el Padre levantará una mujer que esté dispuesta a obedecerlo. Al primer intento de persuadirlas para que se fueran, ellas se resistieron, pero en la segunda ocasión en que Noemí les insistió, Orfa respondió con un beso y se fue con su familia. Mas, dice la Escritura, Rut siguió apegada a Noemí.

*Entonces ellas alzaron su voz y lloraron otra vez;
y Orfa besó a su suegra, pero Rut siguió apegada
a ella.*

—Rut 1:14 BTX

Después de eso, Rut emitió una declaración muy fuerte en cuanto a su intención de no abandonar a Noemí, bajo ninguna circunstancia.

*Y Noemí dijo: He aquí tu cuñada se ha vuelto a su
pueblo y a sus dioses, vuélvete en pos de tu cuñada.
Respondió Rut: No me ruegues que te deje y me
aparte de ti, porque adondequiera que tú vayas, yo
iré, y dondequiera que vivas, viviré. Tu pueblo será
mi pueblo, y tu Dios mi Dios.
Donde tú mueras, yo moriré, y allí seré sepultada.
Así me haga YHVH, y aun me añada, que sólo la
muerte hará separación entre nosotras dos.*

—Rut 1:15-17 BTX

Esta historia nos muestra el corazón de una hija que no estaba dispuesta a abandonar a su madre Noemí. Eso significaba renunciar a su cultura, a sus creencias, a los dioses que se adoraban en Moab, a su familia, a lo conocido, a su herencia; con tal de seguir a quien respetaba y honraba como su madre. En cuanto a nosotros hoy, eso es abandonar todo lo que tenemos cerca para extendernos a lo que está lejos.

Usted puede saber quién está realmente conectado con usted cuando, en el momento en que todo parece perdido, una persona permanece a su lado. Dentro del diseño de la paternidad, lo que se recibe como impartición tiene más valor que todo lo que se pueda obtener con dinero. Noemí no tenía nada, pero lo tenía todo. Solo una persona con corazón de hijo, puede ver lo que posee otra por su esencia y no por sus bienes. Noemí no estaba en condiciones de ofrecer nada en lo natural, pero tenía la legalidad para conectar a Rut a su destino. Después que Orfa se marchó, Noemí decidió volver a su tierra de Bet-léhem. Emprender ese viaje no era fácil. Implicaba dejar su hogar para emprender una larga jornada. Transportémonos, por un momento, a aquella época. No había vehículos ni aviones. Y, aunque había caballos, burros y camellos, las Escrituras nos narran lo siguiente:

> *Y caminaron las dos hasta que llegaron a Bet-léhem; y sucedió que al entrar en Bet-léhem, toda la ciudad se alborotó a causa de ellas, y las mujeres decían: ¿No es ésta Noemí?*
>
> —Rut 1:19 BTX

Resulta impresionante que emprendieran ese largo viaje de, aproximadamente, unos doscientos kilómetros entre montañas y desiertos para llegar a la tierra de Noemí. Debemos considerar el hecho de que eran dos mujeres solas y que Noemí ya era anciana. La travesía debió haberle hecho pensar a Noemí que todo eso aconteció por haber abandonado su tierra de Bet-léhem, ya que se había establecido que los israelitas no debían morar en tierras extranjeras y, aun más, los judíos no se relacionaban con los moabitas.

Al llegar allí, los que conocían a Noemí, se cuestionaban si sería realmente ella. Probablemente, por el hecho de que la vieron salir llena de vida y con su esposo. Ahora la veían regresar sin esposo, sin hijos y hasta en unas condiciones bastante desagradables a causa del largo viaje y del sufrimiento al que había sido expuesta. Tanto es así que su nombre, que significa "placentera", lo cambió por "Mara", que significa "amargura", porque YHVH le había hecho regresar vacía. Ya en tierra de Bet-léhem, Noemí conecta a Rut para que comience a trabajar en los campos de un hombre llamado Booz. Parecía un trabajo común, para sustentar la familia, lucía como una oportunidad para generar dinero. Allí los trabajadores dejaban caer de las gavillas que recogían para que Rut, que venía tras ellos, las pudiera recoger.

Lo que desconocían esos trabajadores era que la que en ese momento recogía las sobras, se convertiría en la dueña del campo. Lección: nunca subestime el lugar donde está, por fidelidad y lealtad a quien el Padre le asignó, porque lo que hoy parece humillante, lo que para otros puede ser un lugar bajo, realmente es su lugar de conquista. Parecía su lugar de sustento, pero realmente era el punto de conexión con su destino. Rut terminó casándose con Booz. Su viaje a Belén y su determinación de dejarlo todo atrás rindió frutos. Ahora veamos qué nació de esa relación.

Booz engendró a Obed, Obed engendró a Isaí e Isaí engendró a David y de ahí llegamos a Jesús el Mesías. Detrás de todo eso, estaba el plan del Padre para que fueran parte de la genealogía del Redentor del mundo. Noemí quedó viuda, sus nueras quedaron viudas. No había un hombre en su casa. Sin embargo, Noemí se convirtió en el padre que Rut necesitaba para conectarla a su destino.

La paternidad le conecta, le lanza a su propósito y le establece como un portador de vida generacional. La paternidad no está limitada a el sexo masculino, sino que trasciende más allá. Está conectada a la intención del Padre en cuanto a conectar hijos fieles y leales a padres asignados. Eso fue lo que sucedió con Rut. El Padre no cambió el plan que tenía con ella por el hecho de que no había un padre en casa, sino que —por el contrario— utilizó como figura paterna a una mujer llamada Noemí, que aunque no tenía semen tuvo la semilla (palabra) para dirigir a Rut hasta Belén y llegar a conectarla con Booz.

Lo importante no era de dónde venían Booz y Rut. Booz era descendiente de Rahab la ramera, y Rut provenía de los moabitas, que fue la descendencia que salió de la relación entre un padre llamado Lot y sus hijas cuando escaparon de Sodoma y Gomorra. La historia de Orfa fue muy diferente, ya que de su descendencia salieron Goliat y sus hermanos gigantes, los mismos que David venció. En el mundo natural solo los hombres portan semen (semilla), pero en la dimensión espiritual, la palabra es semilla; por lo tanto, aunque las mujeres no portan semen, portan palabra, que es semilla. Hay lugares donde el hombre lo único que porta es semen y el Padre levanta allí a una mujer sin semen, pero con semilla que embarazará generaciones enteras.

Mujer, no se subestime ni permita que otros lo hagan. El Padre la hará brillar y levantar generaciones a causa de la semilla que porta. En el Reino, ser mujer no es una carga; al contrario, es un privilegio.

Capítulo 9

CÓMO APRENDER A ESCUCHAR LA VOZ DEL PADRE

Uno de los profetas más prominentes e importantes del antiguo pacto nació de una mujer llamada Ana, de quien relata la Escritura que YHVH le había cerrado su matriz.

Pero a Ana le daba una porción doble, porque él amaba a Ana a pesar de que YHVH había cerrado su matriz.

—1 Samuel 1:5 BTX

El hecho de no tener hijo le había provocado mucho dolor a Ana. Al extremo de que, con llanto y amargura de alma, clamó a YHVH. En el ámbito natural, todo parecía indicar que ella no tendría descendencia pero, el plan del Eterno era otro y era perfecto. En medio de su proceso, ella abrió su corazón a YHVH y le hizo un voto. Le pidió específicamente un hijo varón y le indicó que si se lo concedía, lo dedicaría todos los días de su vida a YHVH y, adicionalmente a eso, jamás pasaría navaja por su cabeza. A ese voto se le conocía como el voto nazareo. Solo aparecen tres hombres en la Biblia que se sometieron a ese voto: Samuel, Sansón y Juan el Bautista. Me parece que la petición de Ana, ahora tomó un nuevo giro y un nuevo sentido.

Ana pide un hijo y establece que si su petición es concedida, lo dedicaría a YHVH todos los días de su vida. En ocasiones, lo que solicitamos no tiene que ver con lo que pedimos, sino con la intención con la que lo hacemos. Ella pedía un hijo, lo que es entendible. Es naturaleza, es diseño. Pero el Padre tenía como plan darle un profeta que marcaría generaciones y que trascendería hasta llegar a Jesús el Mesías.

Así que cuando usted ore y presente una petición, tenga claro cuál es la intención de la misma. Eso sucedió mientras ella estaba en Silo, en el templo. Tras una conversación con el sacerdote Elí, este la bendijo, la envió en paz y le dijo: "Que el Dios de Israel te otorgue la petición que le has pedido". Ella retornó a su casa y es ahí donde quedó embarazada y, dice la Escritura que, al cabo de los días, Ana dio a luz un hijo y llamó su nombre Samuel, diciendo: "Por cuanto lo pedí a YHVH".

Después que lo hubo destetado, lo hizo subir consigo, junto con tres becerros, un efa de flor de harina y un odre de vino, y lo llevó a la Casa de YHVH en Silo, aunque el niño era de tierna edad.

Y fue degollado el becerro, y presentaron el niño ante Elí.

Y ella dijo: ¡Oh, señor mío, como que vive tu alma, yo soy aquella mujer que estuvo aquí junto a ti rogando a YHVH!

Por este niño rogaba, y YHVH me otorgó la petición que le pedí.

Por lo mismo, yo también lo doy prestado a YHVH. Mientras viva, él estará prestado a YHVH. Y allí se postró ante YHVH.

—1 Samuel 1:24-28 BTX

Le llegó el momento a Ana de cumplir con el voto que le prometió a YHVH y así lo hizo. Llevó a su hijo Samuel al templo y lo dejó allí para que sirviera y fuera instruido. A esa mujer que le entregó su primer hijo —Samuel— al Eterno, este le concedió tres hijos y dos hijas más, para un total de seis. Ana entregó uno y recibió cinco. Aquí vemos un principio de honra, de siembra y cosecha, un principio de primicias. Cuando usted es capaz de entregar lo único que tiene y lo que más anhela, el Padre siempre traerá sobre usted un ámbito de multiplicación. Lo que antes era improductivo, lo que le costó muchos años y muchas lágrimas, ahora lo tendrá en abundancia y con regocijo. Samuel servía delante del Eterno en presencia de Eli. Había una situación lamentable en aquellos días, y es que la Escritura nos dice que la palabra de YHVH era escasa en ese tiempo, que no había visión. Eso quiere decir que nadie estaba capacitado para recibir profecía. Es por eso que el Eterno levanta a Samuel como profeta. También se nos dice que Elí casi no podía ver; de modo que, mientras ambos dormían, YHVH llamó a Samuel por su nombre. Inmediatamente, el chico corre hacia Elí para ver por qué lo había llamado. Elí responde que él no lo había llamado y que volviera a acostarse. Esa escena se repitió en tres ocasiones seguidas, hasta que a la tercera vez, Elí le indica a Samuel que se vuelva a acostar y que si lo vuelven a llamar responda: "Habla YHVH que tu siervo oye".

Entonces YHVH vino y se presentó, y como las otras veces llamó: ¡Samuel, Samuel! Y Samuel dijo: ¡Habla, que tu siervo oye!

—1 Samuel 3:10 BTX

Quiero destacar varios puntos de esta breve historia. Primero, el hecho de que lo que el Eterno quería hacer lo haría a través de una persona que no tenía experiencia ni preparación. Apenas era un jovencito, que había nacido de una imposibilidad y a través de la respuesta a una madre que suplicaba por un hijo. Segundo, veo cómo esta madre toma a su único hijo y lo entrega en cumplimiento del voto que le hizo al Eterno. Tercero, a pesar de que Samuel conocía muy bien la voz de Elí, cuando YHVH lo llama por tres ocasiones, va corriendo adonde el sacerdote. Y más interesante aun, es que Samuel no pregunta si hay alguien más durmiendo allí, puesto que supongo que la voz no se parecía a la de Elí. A Samuel siempre le pareció que escuchaba la voz de Elí. Eso me hace pensar en la similitud entre la voz del Padre celestial y la de Elí como padre espiritual. Un padre espiritual correcto siempre le hablara como su Padre celestial lo hace. Cuarto, es impresionante que aun cuando Elí estaba casi ciego, sabía escuchar a YHVH, mientras que Samuel veía claramente, pero no sabía reconocerlo.

Samuel era la persona que tenía el llamado y era el escogido por el Padre, pero necesitaba un padre imperfecto y ciego en la tierra que lo formara y lo enseñara. Samuel tenía visión, pero no sabía reconocer la voz de Dios. Elí no podía ver, pero sabía reconocer la voz de Dios. Muchos corren hoy tras un llamado, pero no permiten que un padre los forme. Tan importante es el llamado como la formación. El llamado del Padre no sustituye la preparación, la instrucción ni formación de un padre, sino que ambos están conectados dentro del mismo diseño y asignación. Violentar el orden y el diseño siempre traerá consecuencias lamentables.

"No anhele plataforma, si no ha permitido que un padre te le forma".

Fue muy importante lo que Samuel vivió junto a su padre Elí, ya que aprendió a escuchar al Padre. En su oficio profético era muy importante que conociera claramente la voz del Padre pues, en su ministerio, tendría como responsabilidad ungir y trabajar con reyes.

Capítulo 10

HONRA QUE PRODUCE HONRA

Hay varias maneras de llegar a lugares, conquistar territorios, alcanzar metas y cumplir con una asignación. Es muy normal utilizar los métodos convencionales o tradicionales. Pero hay una llave maestra que opera en cualquier lugar o circunstancia en la que pueda estar y esa llave se llama honra. Mucho se ha perdido a causa de la deshonra y me parece que hay varios factores que han contribuido a que eso suceda, como por ejemplo:

- Falta de información

- Altivez

- Imposición

- Falta de revelación

- Mal ejemplo de aquellos que están en autoridad

Veremos cómo la honra puede ser factor determinante en medio de la vida y el propósito de alguien. Una de las historias más conocidas del relato bíblico es la de David. Él era un simple y joven muchacho que se desempeñaba como pastor de las ovejas de su padre Isaí. Sus hermanos eran parte del ejército de Israel, comandados por el rey Saúl. El profeta Samuel, a quien el Padre instruyó que ungiera a Saúl, luego de un tiempo (cuando Saúl fue desechado), fue comisionado por el mismo Padre para que ungiera a David como rey. Samuel fue preparado a la casa de Isaí para ungir allí a quien había sido escogido como rey para sustituir a Saúl. El profeta llega y encuentra que los hijos están allí, pero ninguno de ellos era el escogido.

Y preguntó Samuel a Isaí: ¿Han terminado de pasar los jóvenes? Y él respondió: Queda el menor, y he aquí está pastoreando el rebaño. Y dijo Samuel a Isaí: Envía por él, porque no nos reclinaremos hasta que él venga aquí.

Envió pues y lo hizo venir; y él era rubio, de ojos vivaces y aspecto gallardo. Y dijo YHVH: ¡Levántate y úngelo, porque éste es!

Samuel entonces tomando el cuerno del aceite, lo ungió en medio de sus hermanos, y el Espíritu de YHVH se apoderó de David desde aquel día en adelante. Y Samuel se levantó y se fue a Ramá.

—1 Samuel 16:11-13 BTX

David no estaba en el lugar donde sus hermanos estaban, sino donde su padre lo había asignado.

No se trata de estar donde quiera estar usted, sino de estar donde el padre le asignó. El tiempo de David al cuidado del rebaño de su padre parecía algo perdido, pero realmente fue el entrenamiento secreto para su exhibición pública. Pasaba sus días trabajando y cuidando lo que le asignaron: las ovejas de su padre. Cuando observamos en profundidad, nos damos cuenta de que los verdaderos hijos con identidad saben que todo lo que se trabaja en unión de su padre, no es otra cosa que la herencia que luego recibirán.

Cabe señalar que cuando el profeta Samuel se inclinó por mirar los elementos externos, el Padre le habló y le dijo que lo que él estaba mirando no era lo que el Eterno mira. Luego hace una declaración muy fuerte, estableciendo que no se sentarán en la mesa hasta que David, el escogido, llegue. En otras palabras, hubo ayuno hasta que David arribó a la casa. No se trata de preocuparse por estar en un lugar visible, sino de estar en el lugar asignado, aunque esté escondido. No se preocupe nunca por la aparente ventaja que otros puedan tener. Recuerde siempre que esto no es una carrera por llegar primero, sino una prueba de obediencia para llegar en el tiempo indicado. El Padre siempre honrará a aquellos que saben estar bajo la autoridad de un padre en la tierra.

"Prefiero estar escondido en el lugar de mi asignación que estar expuesto donde no fui asignado".

La unción no caerá sobre cualquier persona, sino sobre aquel que por su corazón correcto y alineado, es escogido. David no estaba donde él quería, sino donde su padre lo asignó. El profeta lo ungió, pero David regresó a la función de cuidar las ovejas de su padre.

La unción del profeta a una asignación de mayor envergadura no era la llave para que David comenzara a deshonrar. David, recibe la instrucción de su padre de ir a honrar a sus hermanos y al rey Saúl, que habían salido al campo de batalla y que en ese momento se encontraban en el escenario de guerra. Inmediatamente David buscó a un pastor que pudiera cuidar de las ovejas que su padre le había asignado. Ese gesto por parte de David habla de su corazón recto, porque lo más fácil hubiera sido dejar las ovejas abandonadas ya que su padre fue quien lo envió a otra tarea. Pero no hizo eso, sino que se ocupó de que lo que le asignaron estuviera bien y cubierto.

David emprende el camino hacia el valle de Ela y allí se encuentra con el escenario de una batalla. Los protagonistas eran: el rey Saúl, sus hermanos, que eran parte del ejército de Israel, un gigante llamado Goliat y el ejército de los filisteos. Dicen las Escrituras que por cuarenta días

—mañana y tarde—, Goliat había estado desafiando a Saúl y a su ejército. Y ante ese reto, todo el ejército de Israel salía corriendo en retirada. Goliat y los filisteos habían ganado ochenta batallas en cuarenta días sin haber lanzado ni siquiera un golpe.

Y todos los hombres de Israel, cuando veían a aquel hombre, huían de él aterrorizados.

—1 Samuel 17:24 BTX

Pero el día cuarenta y uno apareció David, que iba con la encomienda de honrar a sus hermanos. Narran las Escrituras que Goliat pronunció las mismas palabras que solía decir y David las oyó. Aquí se acababa de complicar la situación para Goliat, ya que lo que a un rey con su ejército los había hecho correr en retirada, a David lo haría correr hacia adelante.

Y preguntó David a los varones que estaban junto a él, diciendo: ¿Qué se hará al varón que mate a ese filisteo y quite la afrenta de Israel? Porque ¿quién es este filisteo incircunciso para que afrente a los escuadrones del Dios viviente?

—1 Samuel 17:26 BTX

David no buscaba su propio beneficio, él sabía a quién servía. Sin embargo, los soldados del rey Saúl comentaban entre ellos la posible recompensa con que el monarca galardonaría al valiente que eliminara al gigante opresor.

Y los hombres de Israel se decían: ¿Habéis visto a este hombre que sube? Ciertamente sube para afrentar a Israel, y será que el varón que lo mate, el rey lo

enriquecerá con grandes riquezas, y le dará su hija,
y hará la casa de su padre libre de tributos en Israel.

—1 Samuel 17:25 BTX

Definitivamente, había una excelente recompensa para el que acabara con Goliat, sin embargo —insisto—, eso no fue lo que motivó a David, sino el deseo y la pasión por cumplir con la asignación de su padre Isaí.

Pero Eliab, su hermano mayor, lo oyó hablar con aquellos varones, y se encendió la ira de Eliab contra David, y dijo: ¿Para qué has venido? ¿Con quién dejaste esas pocas ovejas en el desierto? ¡Yo conozco tu presuntuosidad y la malicia de tu corazón, que has venido para ver la batalla!

—1 Samuel 17:28 BTX

Capítulo 11

DE PADRE A HIJO

No es la simple historia de un profeta, es la trayectoria de dos hombres que modelaron perfectamente el diseño de la paternidad en la tierra. Más allá de cualquier situación por la que estuvieran atravesando, ese tiempo estaba conectado a la eternidad. Le invito a adentrarse en la vida de un padre llamado Elías y un hijo llamado Eliseo.

Entonces Elías tisbita, que era de los moradores de Galaad, dijo a Acab: ¡Vive YHVH, Dios de Israel, en cuya presencia estoy, que no habrá rocío ni lluvia en estos años, sino por mi palabra!
—1 Reyes 17:1 BTX

Siempre me pregunté por qué Elías surgió de repente en el escenario bíblico y, aunque no se habla de su pasado, sus ancestros y su familia, aparece profetizando. Ni siquiera se nos habla de su desempeño profético anterior, sino que simplemente surge y desde su aparición se manifiesta en su oficio y llamado. Solo sabemos que era de Tisbe.

Su profecía no tenía el propósito de consolar ni de exponer buenas noticias al pueblo, al contrario, iba a cambiar toda la atmósfera. Ahora la pregunta es ¿por qué cerró los cielos con una palabra? Primero veamos lo que estaba sucediendo en ese momento. Es importante estudiar los versos anteriores para poder ubicar este suceso.

En ese tiempo Hiel de Bet-'El reedificó Jericó: a costa de Abiram su primogénito puso los cimientos, y a costa de Segub su hijo menor levantó sus puertas, conforme a la palabra que YHVH había hablado por medio de Josué ben Nun.
—1 Reyes 16:34 BTX

Dicen los estudiosos de la Torá, que la palabra que lanzó Elías estaba conectada al hecho de que mientras Acab, Jezabel y Elías se encontraban en el acto funeral de los hijos de Hiel, surgió una disputa porque el profeta había dicho que la muerte de los hijos de Hiel se relacionaba al hecho de la palabra que había dado Josué cuando dijo:

¡Maldito delante de YHVH el hombre que se levante para reedificar esta ciudad de Jericó! ¡Al precio de su primogénito eche sus cimientos y al de su hijo menor ponga sus portones!

—Josué 6:26 BTX

Eso trajo malestar a Jezabel e incluso burla, pues ella se mantenía diciendo que era imposible que se cumpliera la palabra de Josué porque ni siquiera la palabra que habló su padre Moisés se había cumplido conforme a lo que está escrito en el siguiente versículo:

Si escuchas los mandamientos de YHVH tu Dios que te mando hoy para que los guardes y los cumplas, YHVH te pondrá por cabeza y no por cola, y estarás encima solamente, y no estarás debajo.

No te apartarás, pues, ni a derecha ni a izquierda de ninguna de las palabras que yo os ordeno hoy, para ir en pos de otros dioses y servirlos.

Pues sucederá que si no obedeces la voz de YHVH tu Dios, cuidando de practicar todos sus mandamientos y estatutos que yo te ordeno hoy, vendrán sobre ti y te alcanzarán todas estas maldiciones.

—Deuteronomio 28:13-15 BTX

Y entre las maldiciones que menciona en el capítulo veintiocho de Deuteronomio se encuentra particularmente una que es a la que Jezabel se refería:

En lugar de lluvia, YHVH dará a tu tierra polvo y ceniza, los cuales descenderán de los cielos sobre ti, hasta que seas destruido.

—Deuteronomio 28:24 BTX

La base de la burla se centraba en el hecho de que en ese territorio se adoraban otros dioses, sin embargo, seguían teniendo lluvia y no ceniza como había dicho Moisés. En resumen, Jezabel argumentaba que la palabra de Josué como hijo no tenía ningún valor ya que su padre Moisés había errado en sus palabras. Es precisamente ahí, donde el profeta Elías, un hombre llamado y establecido para manifestar y traer paternidad a la tierra se molesta y suelta la palabra de cerrar los cielos sobre todo el territorio donde Acab y Jezabel gobernaban. Vemos cómo la tierra, la atmósfera y el planeta responden no a las personas que ocupan posiciones naturales, sino a las personas que como Elías eran y son parte de un diseño llamado paternidad.

Tal y como el profeta habló, así aconteció. Aunque los cielos se cerraron, el Padre tuvo extremo cuidado de Elías. Le dio instrucciones para poder vivir sin problemas mientras el cielo permanecía cerrado. El profeta fue sostenido con agua y alimentos de manera milagrosa, posteriormente fue enviado a casa de una viuda para que lo sustentara. Fue allí donde pudo ser instrumento para que esa familia, a través de la obediencia, en vez de morir pudiera vivir hasta el momento en que la lluvia volviera a caer sobre la tierra. Luego, vemos cómo el profeta confrontó, enfrentó y mató a los profetas de Baal, desatando con ese evento una persecución por parte de Acab y Jezabel. El profeta temió. Al extremo de huir al desierto, para protegerse de sus enemigos. Es allí, en medio de todo lo que vivía, que el profeta expresa su deseo de morir.

Y él tuvo temor, y se levantó y huyó para salvar su vida; y llegó a Beerseba (que es de Judá) y dejó allí a su siervo.
Y él se fue solo al desierto, donde anduvo todo un día; y llegó y se sentó debajo de un enebro, y ansiando morirse, dijo: ¡Basta ya, oh YHVH! ¡Quítame ahora la vida, porque no soy mejor que mis padres!
—1 Reyes 19:3-4 BTX

Examinemos las acciones del profeta. En primer lugar, estaba huyendo adonde el Padre nunca lo mandó, al desierto. En segundo lugar, pidió morir, desconociendo el deseo y el plan del Padre, de que nunca vería muerte. ¿Cuántas veces el proceso, las dificultades, la aflicción han provocado que piense que sería mejor dejarlo todo? ¿Cuántas veces ha pedido usted morir? ¿Cuántas veces ha pensado que todo está terminado? ¿Cuántas veces se ha encerrado en algún lugar basándose en sus propias conclusiones? ¿Cuántas veces ha pensado que es el final? ¿Cuántas veces ha pedido para su vida algo que el Padre no ha diseñado?

Es muy importante recordar lo que Jesús el Mesías dijo:

Estas cosas os he hablado para que en mí tengáis paz. En el mundo tenéis aflicción, pero confiad, Yo he vencido al mundo.

—Juan 16:33 BTX

Todo lo que usted vive en esta tierra es temporal, pero lo que el Padre habló de usted es eterno. La asignación del profeta estaba ligada al diseño de paternidad y ahí estaba la causa de toda la persecución en su contra.

Y YHVH le dijo: Ve, regresa por tu camino por el desierto de Damasco, y cuando llegues, ungirás a Hazael por rey de Siria.

También ungirás como rey de Israel a Jehú ben Nimsi; y ungirás a Eliseo ben Safat, de Abel-mehola, como profeta en tu lugar.

—1 Reyes 19:15-16 BTX

Elías recibe la instrucción de salir del desierto, pero vale la pena observar el hecho de que la orden es que regrese por el mismo desierto por el que vino, es decir, tendría que regresar por el camino que él mismo escogió para huir. Otro detalle es que a quien envía a ungir, Eliseo, era hijo de Safat. Quiere decir que Eliseo no era huérfano, sino alguien que estaba bajo autoridad. Pudiéramos pensar que el hecho de que el Padre le dijera al profeta que fuera a ungir a Eliseo como profeta en su lugar, posiblemente traería un grado de alivio a Elías. Quizá en su mente pasó, que ya su ministerio terminaría ahí y ahora vendría Eliseo a tomar su lugar, pero este era apenas el comienzo de una jornada de ejercer paternidad.

Y partiendo de allí, halló a Eliseo ben Safat, que araba con doce yuntas delante de él, y él tenía la duodécima. Pasando Elías hacia él, echó su manto sobre él. Entonces él dejó los bueyes, fue corriendo tras Elías y dijo: Besaré ahora a mi padre y a mi madre, y luego te seguiré. Él le dijo: Ve, vuélvete; pues, ¿qué te he hecho yo? Y dejó de ir tras él. Luego tomó la yunta de bueyes y los sacrificó; y con el arado de los bueyes cocinó su carne y la dio a la gente para que comiera. Después se levantó y fue tras Elías, y lo servía.*

—1 Reyes 19:19-21 BTX

Para Eliseo era un día tradicional de trabajo, pero la aparición del profeta Elías en su escenario cambiaría su vida para siempre. Cuando leemos que Elías echó su manto sobre él, a lo que se está refiriendo es al hecho de extender su manto como una invitación a entrar bajo su regazo. No hubo palabras de invitación. No le dijo: "Jehová dice que camines conmigo". No hubo presión. Solo un acto que hablaba más que mil palabras. Me parece que Eliseo estaba esperando un tiempo de cambios para su vida. Su actitud ante la llegada del profeta me hace pensar así. En ocasiones, el pensamiento tradicional y común de cómo deben suceder las cosas es el primer factor limitante en la vida del ser humano. Hoy alguien debe crear esa atmósfera de expectativa. Usted, que está leyendo, le invito a creer que de repente todo lo que era una costumbre dejará de serlo. Un día común en lo natural, se convertirá en el día en que aparecerá a su encuentro la conexión paternal que le dimensionará. Dentro del llamado que Eliseo estaba recibiendo de parte del profeta hubo un acto que dejó claro: que la honra y el orden anteceden a la grandeza del llamado.

Note que Eliseo, lo primero que menciona es el hecho de que antes de seguir su asignación, necesitaba honrar a sus padres naturales. La urgencia del llamado no puede ceder a la tentación de manifestar deshonra. Nunca pase de un lugar a otro sin antes honrar a los padres que le llevaron hasta allí. Luego, Eliseo sacrificó los bueyes y con la madera de ellos cocinó la carne y la repartió entre sus vecinos y amigos. Eso muestra varios principios:

¿Por qué tiene que sacrificar los bueyes y quemar el arado?

A. Porque el tiempo de arar la tierra terminó.

B. Porque dejar los bueyes vivos y el arado funcionando sería dejar la puerta abierta para que el día en que venga un momento difícil, en la función ministerial, llegue la fuerte tentación de querer regresar al lugar de donde el padre le sacó.

C. Porque, a través de ese acto, se alimentaría y honraría toda una comunidad.

El final del versículo dice que "fue tras Elías y le servía". Es decir, Elías no se quedó a esperarlo, sino que continuó su rumbo. La palabra profética que se lanza sobre una persona no tiene como instrucción esperar a dicha persona, sino que es lanzada y, quien se convierte en el receptor, debe correr tras ella. Resaltemos también el hecho de que el adiestramiento de Eliseo y su desarrollo como profeta estaban conectados al servicio de Elías. No tenemos una narración de los hechos en la vida privada y diaria de Elías y Eliseo, pero sí podemos encontrar que la función principal de Eliseo estaba conectada a servir a quien se convirtió en su padre espiritual, el profeta Elías.

Más adelante, en esta historia, vemos cómo Elías —que viene de Gilgal con su hijo Eliseo— le pide que permanezca en tres lugares. Sin embargo, ese hijo fiel y leal no estuvo dispuesto a dejarlo. También vemos en ese mismo escenario, cómo los hijos de los profetas le dicen a Eliseo que si él sabía que su padre iba a ser quitado de su cabeza. No era otra cosa que dejarle saber que el padre al que le había servido por tantos años, ahora sería tomado y lo dejaría abandonado.

Lo que realmente llama mi atención fue el hecho de la respuesta de Eliseo: "Sí, lo sé. Callad".

Es uno de esos momentos en que aparece alguien que posiblemente sea parte de los que se reúnen con usted en el templo o de los que escucharon lo que por medio de un profeta, el Padre habló a su vida. Son aquellos que se supone que le empujen al destino y en realidad se han convertido en los que le desalientan para que abandone su posición, sus años de entrega y su servicio al padre que el Padre le asignó. Pero hoy les va a decir como dijo Eliseo: ¡Cállense!

Si ha honrado como hijo, prepárese para recibir su herencia y en doble porción.

Pero Josafat preguntó: ¿No hay aquí un profeta de YHVH para que consultemos a YHVH por medio de él? Entonces uno de los siervos del rey de Israel respondió y dijo: Aquí está Eliseo ben Safat, que vertía agua en manos de Elías.
—2 Reyes 3:11 BTX

Había una situación entre varios reyes y uno de ellos, Josafat —rey de Juda—, quería consultar a un profeta y es así como surge el nombre de Eliseo. Su reconocimiento estaba conectado al hecho de ser el que lavaba las manos de Elías. Con eso no estamos estableciendo que el adiestramiento de un hijo esté conectado a lavar las manos de su padre, sino a la honra de un hijo a dicho padre.

Y sucedió que cuando cruzaban, Elías dijo a Eliseo: Pide lo que he de hacer por ti antes que sea arrebatado de tu lado. Y Eliseo respondió: ¡Te ruego que una doble porción de tu espíritu venga sobre mí!
Y él le dijo: Difícil cosa has pedido. Si me ves cuando sea arrebatado de tu lado, será así; pero si no, no.
Y mientras ellos iban caminando y hablando, he aquí, un carro de fuego con caballos de fuego apartó a los dos, y Elías subió a los cielos en el torbellino.
Y viéndolo Eliseo, clamaba: ¡Padre mío, padre mío! ¡Carro y auriga de Israel! Y no lo vio más. Entonces tomó sus vestidos y los rasgó en dos pedazos.
Y recogió el manto de Elías, que se le había caído, y se volvió y se detuvo a la orilla del Jordán.
Y tomando el manto de Elías que se le había caído, golpeó las aguas, y dijo: ¿Dónde está YHVH, el Dios de Elías? Y cuando golpeó las aguas, también fueron divididas a uno y otro lado, y Eliseo cruzó.
—2 Reyes 2:9-14 BTX

Llegó el momento en el que lo que el Padre le dijo a Elías en el desierto se cumpliría. Eliseo tomaría el lugar de su padre Elías. Ese es un momento clave y muy importante dentro del diseño de paternidad, ya que el padre Elías sabía que sería arrebatado del lado de su hijo Eliseo, pero también sabía que no podía irse sin dejarle lo que por derecho le pertenecía y era herencia de su hijo. Ese acto es sumamente hermoso, porque Elías le da a escoger lo que Eliseo deseaba, sabiendo como padre y conociendo la madurez que a través del servicio y la vida diaria observó en su hijo. No se equivocó al preguntarle, porque la respuesta más que nada mostró la intención de un hijo en imitar a su padre. Eso habla de reproducir la esencia de un hombre. Sí, leyó bien, la esencia de un hombre. Y esto no se trata de un acto de idolatría ni de haber sustituido al Padre por otro padre, sino que como hemos manifestado en un capítulo anterior, todo lo que el Padre determinó, determina y determinará manifestar, siempre fue, es y será a través de un hombre (o mujer) en la tierra. Ese fue su diseño original y eso no ha cambiado.

La respuesta de su padre Elías se enfocó en la perseverancia. Elías le recordó a su hijo Eliseo, que si permanecía a su lado y enfocado, no mirando al otro lado del Jordán, donde estaban los hijos de los profetas quizás tratando de distraerlo, recibiría lo que estaba pidiendo. Un detalle muy importante es que iban caminando y hablando. Eso es importante, porque un padre y un hijo siempre tomarán cada momento de su vida para edificarse mutuamente. Sin aviso ni advertencia alguna, un carro de fuego —con caballos ardiendo en llamas— los apartó y Elías fue tomado en un torbellino al cielo. Ese escenario es uno de los más impresionantes en el diseño de paternidad.

Vemos a un hombre llamado Eliseo, empresario, que lo tenía todo y que vivía muy bien junto a su familia en su comunidad. La pregunta obligada, sería ¿cómo se puede llegar a saber que era de esta manera? Bueno, dice la

Escritura que él sacrificó los bueyes y con el arado, los cocinó y repartió a sus vecinos. Eso me hace entender que los bueyes y el arado le pertenecían. Entonces ese hombre, que lo había dejado todo por seguir a otro hombre que no conocía y que a partir de ese momento se convertiría en su padre, ahora se encuentra con el escenario de que su padre es arrebatado de su lado y llevado al cielo. Narra el relato que Eliseo clamaba, o sea, no fue una sola vez, no fueron dos veces, fue un clamor intenso y sostenido. Y las palabras de ese clamor eran: ¡Padre mío, padre mío!

Nótese que el primer padre está en mayúscula porque es el comienzo de la oración, pero ya el segundo está en letra minúscula, dejando ver claramente, que a quien Eliseo se refería cuando clamaba era a su padre Elías. Fue un clamor intenso y del corazón. Luego dice que rasgó sus vestidos en dos pedazos. Eso, en señal de luto y dolor. Le acababan de arrancar a su padre de su lado. Eliseo no estaba preparado para un momento tan difícil y doloroso como ese. Fíjese bien que él no comenzó a celebrar porque ahora se convertiría en el profeta del momento, el no celebró porque ahora sería el foco de atención y todo sería en partida doble, sino que se entristeció hasta lo más profundo de su corazón porque ahora no tendría a su padre a su lado para seguirlo formando y dirigiendo.

Cabe señalar como hecho, la diferencia entre las dos despedidas que le tocó vivir a Eliseo. En primer lugar, cuando se despidió de sus padres naturales, aunque los honró y los bendijo no se nos dice que hubo una triste y dolorosa despedida. Aun cuando sabemos que todas las despedidas y separaciones siempre producen dolor, no se compara con la despedida de su padre espiritual Elías. Fue un acto triste y desgarrador. Luego Eliseo tomó el manto que se le había caído a Elías y lo dobló, entonces golpeó las aguas y estas se abrieron en dos.

Y cuando lo vieron los hijos de los profetas que estaban en Jericó, al otro lado, dijeron: El espíritu de Elías ha venido sobre Eliseo. Luego fueron a su encuentro y se postraron en tierra ante él.

—2 Reyes 2:15 BTX

Mientras se desarrollaba la toma de Elías en el torbellino, los hijos de los profetas —que eran los mismos que habían tratado de persuadir a Eliseo en tres ocasiones seguidas para que dejara a su padre Elías— aguardaban y observaban al otro lado del Jordán. Si Eliseo no hubiera permanecido al lado de su padre, enfocado, los hijos de los profetas habrían corrido a tomar el manto cuando a Elías se le cayó mientras era arrebatado al cielo. Usted, que está leyendo este libro, no abandone su posición, su lugar de asignación. No suelte su posición de hijo. Todo aquello por lo que trabajó y fue fiel a sus padres, es parte de su herencia, que ahora es para usted y en doble porción.

Capítulo 12

DE HIJOS A PADRE

Una de las historias más fascinantes en el ámbito de la lealtad de los hijos a un padre por generaciones es la que veremos a continuación. Se trata de un pueblo del que no se habla mucho, pero del que hay mucho de qué hablar. Su modelaje es más fuerte que todas las palabras que podamos escribir o pronunciar. Este es un escenario del que todos debemos aprender.

> *Y las familias de los escribas que habitaban en Jabes: los tirateos, los simeateos y los sucateos, los cuales son los ceneos, que proceden de Hamat, padre de la casa de Recab.*
>
> —1 Crónicas 2:55 BTX

Ese pueblo que vivió en los tiempos del antiguo pacto, eran originarios de los ceneos y estaban vinculados a Jetro, el suegro de Moisés. Su historia está conectada a un gran líder, su fundador y hombre de gran influencia, un padre llamado Jonadab, que participó activamente en la rebelión de Jehú contra Acab y todas sus prácticas alineadas con la adoración de Baal.

> *Palabra de YHVH que recibió Jeremías en días de Joacim ben Josías, rey de Judá, diciendo:*
> *Ve a casa de los recabitas y habla con ellos, tráelos a la Casa de YHVH, a uno de los aposentos, y dales a beber vino.*
> *Tomé entonces a Jaazanías ben Jeremías, hijo de Habasinías, con sus hermanos y sus hijos y toda la familia de los recabitas,*
> *y los llevé a la Casa de YHVH, al aposento de los hijos de Hanán ben Igdalías, varón de Dios, el cual estaba junto al aposento de los príncipes, sobre*

*el aposento de Maasías ben Salum, guarda de la
puerta.*

Y *puse delante de los hijos de la familia de los
recabitas unos tazones y unas copas llenas de vino,
y les dije: ¡Bebed vino!*

*Pero ellos dijeron: No beberemos vino; por-
que Jonadab ben Recab nuestro padre nos ordenó
diciendo: No beberéis vino jamás, ni vosotros ni
vuestros hijos.*

—Jeremías 35:1-6 BTX

El Padre envía al profeta Jeremías a casa de los recabitas con una instrucción clara: que les diera a beber vino.
A simple vista parece una palabra extraña por el hecho
de que solo se les da la orden de tomar licor, pero detrás
de esa orden hay una enseñanza muy fuerte y una manera
más del Padre para darnos una lección. El profeta accionó
en obediencia e hizo tal y como el Padre le indicó. Arre-
gló el lugar, trajo el vino, preparó los tazones y llenó las
copas de vino. Luego les ordenó que bebieran el vino. La
orden venía del Padre a través del profeta, sin embargo,
la respuesta de los recabitas fue más que contundente.
Sin pensarlo, se negaron a causa de la instrucción que les
había dado su padre Jonadab doscientos cincuenta años
atrás.

Muchas personas nacieron y murieron dentro de la
familia, el tiempo había pasado, mas los hijos y los hijos
de los hijos y los hijos de los hijos de los hijos de Jonadab
estaban firmes, fieles y alineados a la palabra y la instrucción que su padre Jonadab les había dado. La instrucción
de beber vino no venía de cualquier persona, venía de un
profeta serio y enviado por Dios. Pero esa familia tenía
claro que cualquier instrucción profética siempre está

alineada al corazón y a la instrucción de un padre en la tierra.

> *Y nosotros hemos obedecido la voz de nuestro padre Jonadab ben Recab en todas las cosas que nos mandó, de no beber vino en todos nuestros días, ni nosotros, ni nuestras mujeres, ni nuestros hijos ni nuestras hijas;*
>
> *y de no edificar casas para nuestra morada, y de no tener viñas, ni heredades, ni sementeras.*
>
> *Moramos pues en tiendas, y hemos obedecido y hecho conforme a todas las cosas que nos mandó Jonadab nuestro padre.*
>
> —Jeremías 35:8-10 BTX

Observe la fidelidad y la lealtad de esos hijos. No solamente en lo relacionado al vino con ellos y sus generaciones, sino también a su modo de vivir. La manera en la que vivía el resto de la gente, el comportamiento de los demás o las opiniones de terceros, no pudieron cambiar el corazón ni la determinación de esos hijos en cuanto a la instrucción de su padre.

> *Entonces vino palabra de YHVH a Jeremías, diciendo:*
>
> *Así dice YHVH Sebaot, Dios de Israel: Ve y di a los varones de Judá, y a los moradores de Jerusalem: ¿No aprenderéis a obedecer mis palabras? dice YHVH.*
>
> *La palabra de Jonadab ben Recab con que ordenó a sus hijos no beber vino ha sido cumplida, y no lo beben hasta hoy por obedecer el mandamiento de*

su padre. Sin embargo, Yo os he hablado a vosotros madrugando y sin cesar, y no me habéis escuchado.

Os he enviado a mis siervos los profetas, madrugando y sin cesar, para deciros: Volveos ahora cada uno de vuestro mal camino, y enmendad vuestras obras, y no vayáis en pos de dioses ajenos para servirles, y habitaréis en la tierra que os di a vosotros y a vuestros padres. Pero no habéis inclinado vuestros oídos, ni me habéis obedecido.

Por cuanto los hijos de Jonadab ben Recab tuvieron por firme el mandamiento que les dio su padre, en tanto que este pueblo no me obedece a mí,

por tanto, así dice YHVH, 'Elohim Sebaot, Dios de Israel: He aquí Yo traigo sobre Judá y sobre los moradores de Jerusalem todo el mal que he pronunciado contra ellos, por cuanto les hablé y no oyeron, los llamé, y no respondieron.

Y dijo Jeremías a la familia de los recabitas: Así dice YHVH Sebaot, Dios de Israel: Por cuanto obedecisteis al mandamiento de Jonadab vuestro padre, y guardasteis todos sus mandamientos, e hicisteis conforme a todas las cosas que os mandó,

así dice YHVH Sebaot, Dios de Israel: No le faltará a Jonadab ben Recab un varón que esté ante mi presencia todos los días.

—Jeremías 35:12-19 BTX

El comportamiento de los recabitas fue tan impactante que el Padre tuvo que expresar su admiración por ellos y los comparó con los varones de Juda y los moradores de Jerusalén, los cuales habían recibido instrucciones de los profetas para que abandonaran sus malos caminos y desistieran de ir tras dioses ajenos; sin embargo, no obedecieron. El Padre había visto muy de cerca el comportamiento y desempeño de los recabitas en cuanto a la instrucción del padre y cómo eso constituyó su modo de vida, provocando que el Padre se pronunciara con palabra sobre ellos manifestando su favor no solo en ese tiempo sino de manera permanente. No siempre el Padre obrará de la misma manera y sus formas de operar para enseñarnos y moldearnos no siempre serán del modo que estamos acostumbrados.

El ejemplo de los recabitas nos debe llevar a meditar en nuestra vida de fidelidad y lealtad hacia nuestra paternidad asignada en la tierra. El hecho de que los recabitas se negaran a la instrucción de un profeta no los puso en la posición de desobediencia, sino que estaban siendo firmes a la instrucción de un padre. Vea la manera en que la Escritura lo narra. Dice que YHVH dijo que los recabitas fueron más que fieles a su padre espiritual, sin embargo, el pueblo de Israel no podía ser fiel a su Padre celestial. Cada persona ha sido asignada a una paternidad para ser reengendrado. En ocasiones pueden surgir personas, profetas, apóstoles, maestros, pastores, obispos o cualquier otro individuo con función ministerial que pudiera traer una palabra que contradiga lo que un padre real y verdadero le habló a usted. Es ahí cuando su fidelidad y su lealtad serán probadas. Nunca deshonre al padre asignado por el Padre para formarle y dimensionarle. Un padre los había instruido, ahora les tocaba a los hijos ser fieles al padre que los posicionó. Seamos como los recabitas.

Capítulo 13

EL PADRE QUE NUNCA MURIÓ

En el capítulo once hablamos de un padre llamado Elías que fue asignado para formar y ungir a un hijo llamado Eliseo como profeta en su lugar y pudimos ver cómo pudo cumplir y finalizar su asignación con su hijo Eliseo, pero también pudimos ver cómo el Padre lo llevó en un torbellino al cielo sin ver muerte. Este hecho milagroso, el tercero de cuatro que se registran en las Escrituras —el primero Enoc, el segundo Moisés (lo explicaremos más adelante), el tercero Elías y el cuarto Jesús el Mesías—, tenía la intención de plasmar y restablecer el diseño de la paternidad que se había perdido en el principio por decisión del primer Adán. Pasaron muchos años y generaciones antes que se pudiera manifestar ese espíritu de paternidad que Elías portaba. Y es a través del profeta Malaquías que se habla sobre este particular.

He aquí, Yo os envío al profeta Elías antes que venga el día de YHVH, grande y terrible.
Él hará volver el corazón de los padres a los hijos, y el corazón de los hijos a los padres, no sea que Yo venga y tenga que consagrar la tierra al exterminio.
—Malaquías 4:5-6 BTX

El libro del profeta Malaquías es el último del antiguo pacto que encontramos en nuestras biblias y toda mi vida había escuchado el énfasis que se le daba a Malaquías 3:17, destacando el hecho de que lo último que se habló en dicho libro fue de diezmos y ofrendas (primicias). Sin embargo, aunque ese fue uno de los temas principales, la realidad es que de lo último que se habló fue del diseño de paternidad. Desde el principio ese fue, es y será el deseo y el diseño del Padre. Aun después de la falla del primer Adán, su plan no cambió; por el contrario, se reafirmó.

Fíjese muy bien lo que dice el versículo cinco: "Él enviará al profeta Elías antes que venga el fin". Ahora veamos con que intención tendría que venir Elías antes de que llegara el fin. Es decir, no podía llegar el fin sin que se manifestara Elías. Es por esa razón que nunca vio la muerte, aunque en un momento de desespero y persecución deseó morirse. Pasemos al versículo seis, que nos habla específicamente de la función de la llegada del espíritu de Elías. La función era restablecer el diseño original: el de la paternidad. "Él hará volver el corazón de los padres a los hijos y; los hijos a los padres". Fíjese bien que no habla del corazón de los hijos al Padre en singular, sino que habla a los padres en plural, refiriéndose a padres espirituales en la tierra. Viendo el final del capítulo y del versículo notamos algo muy interesante. Es el hecho de que el Padre no está dispuesto a negociar el restablecimiento del diseño. Es tanto así que Él dice: prefiero consagrar la tierra al exterminio, sino logro regresar el hombre al diseño original. No es un decir, no es una moda, no es un ministerio, no es una herejía, no es idolatría, no es un invento. Realmente era, es y será el diseño del Padre para el hombre y la mujer. Me parece demasiado importante el hecho de que se cierre el antiguo pacto hablando de paternidad, como el deseo del Padre para todo el que lo desee. Te invito a abrir tu corazón y permitir que el anhelo del Padre sea manifestado en usted y a través de usted. Es tiempo de volver el corazón de los padres a los hijos y de los hijos a los padres.

Elías nunca murió, el diseño tampoco. ¡Volvamos al diseño!

Capítulo 14

JESÚS EL MESÍAS... EL HIJO....

En el capítulo anterior tocamos el diseño de paternidad en el libro de Malaquías como el último del antiguo pacto. Ahora profundizaremos en los evangelios. Aquí se inicia el tiempo de ver el cumplimiento de la promesa de todo lo que se habló por medio de los profetas. Pasó un tiempo de aparente silencio, sin embargo, el deseo del Padre nunca se detuvo ni se detendrá. Todo se estaba preparando para la manifestación de la restauración de todas las cosas a través del Hijo. Cuatrocientos años es el tiempo que transcurre entre el libro de Malaquías y los evangelios.

Sabemos que aun cuando el hecho de que no tengamos un libro en nuestra Biblia que nos hable de los sucesos en ese período, tenemos la certeza de que todo siguió su curso hacia la esperada llegada del Hijo.

Comenzaremos con el libro de Lucas, donde se narra la historia de la anunciación por medio de un ángel avisando el nacimiento de dos niños que venían con una asignación sumamente importante y especial. Consideremos algunos versículos del capítulo uno.

Entonces, desde la derecha del altar del incienso, se le apareció de pie un ángel del Señor.

Al verlo, Zacarías se turbó, y el temor se apoderó de él.

Pero el ángel le dijo: No temas, Zacarías, porque fue oída tu oración, y tu mujer Elisabet te dará a luz un hijo, y llamarás su nombre Juan.

Y tendrás gozo y alegría, y muchos se regocijarán por su nacimiento,

porque será grande delante del Señor. No beberá vino ni licor, y será lleno del Espíritu Santo aun desde el vientre de su madre.

Convertirá a muchos de los hijos de Israel al Señor Dios de ellos.

E irá delante de Él con el espíritu y el poder de Elías, para hacer volver los corazones de los padres a los hijos, y los rebeldes a la prudencia de los justos; a preparar para el Señor un pueblo bien dispuesto.

—Lucas 1:11-17 BTX

Narran las Escrituras que, en los días de Herodes —rey de Judea— había un sacerdote llamado Zacarías. Este tenía como esposa a una mujer llamada Elisabet, ambos eran justos y tenían una conducta intachable delante de Dios. Su situación les había causado tristeza. Elisabet era estéril y ambos eran ya bien avanzados en edad. Un día, Zacarías se encontraba laborando como sacerdote y le tocaba ofrecer incienso en el templo, cuando de repente se le apareció un ángel que vino a traerle la noticia de que su esposa daría a luz un hijo al que llamarían Juan.

La noticia que traía ese ángel provocaría dos milagros, uno de ellos era el hecho de que la esterilidad de Elisabet terminaría y el otro era que su esposo recuperaría su virilidad. El ángel les anunció que tendrían gozo y alegría. Había llegado el fin del tiempo del dolor y la tristeza para dar apertura al tiempo del cumplimiento. La anunciación del nacimiento vino acompañada de instrucciones. El niño nacería dentro del pacto nazareo y sería lleno del Espíritu Santo aun desde el vientre de su madre. Convertiría a muchos de los hijos de Israel y vendría con el espíritu y el poder de Elías para hacer volver el corazón de los padres a los hijos, los rebeldes a la prudencia de los justos y para preparar para el Señor un pueblo bien dispuesto. Se establece que iría delante de Él. En otras palabras, tenía la función de padre, que es la de abrir camino para los hijos.

Vemos aquí el cumplimiento de lo dicho por el profeta Malaquías. La llegada de un Elías con la asignación de traer el diseño de la paternidad de regreso. Cuando habla de volver el corazón de los padres, necesitamos resaltar el hecho de que no habla de padre en singular, sino en plural. Otro detalle es que la palabra "padres", está en minúscula y no en mayúscula. Demostrando que esto no está haciendo referencia al Padre celestial, sino a padres en la tierra.

Sigamos con la segunda anunciación, la cual surge en el sexto mes del embarazo de Elisabet.

Al sexto mes, el ángel Gabriel fue enviado por Dios a una ciudad de Galilea, cuyo nombre era Nazaret, a una virgen desposada con un varón cuyo nombre era José, de la casa de David, y el nombre de la virgen era Miriam.

Y entrando en donde ella estaba, dijo: ¡Te saludo, muy favorecida! ¡El Señor está contigo!

Ella se turbó mucho por esta expresión, y se preguntaba qué clase de salutación sería ésta.

Pero el ángel le dijo: ¡No temas Miriam, porque has hallado gracia ante Dios!

He aquí quedarás encinta y darás a luz un hijo, y llamarás su nombre Jesús.

Éste será grande, y será llamado Hijo del Altísimo, y el Señor Dios le dará el trono de David su padre;

y reinará sobre la casa de Jacob por los siglos, y de su reino no habrá fin.

Entonces Miriam dijo al ángel: ¿Cómo ocurrirá esto, puesto que no conozco varón?

Respondiendo el ángel, le dijo: El Espíritu Santo vendrá sobre ti, y el poder del Altísimo te hará sombra; por lo cual también lo nacido será llamado Santo, Hijo de Dios.

—Lucas 1:26-35 BTX

El ángel Gabriel llegó como mensajero a una mujer virgen llamada Miriam (nombre hebreo original de María) y le anunció, en primer lugar, que ella halló gracia ante los ojos de Dios.

Deseo resaltar tres puntos aquí:

1. Gracia es el favor inmerecido del Padre para con los seres humanos

2. La gracia es una cualidad característica del Padre.

Por mucho tiempo se nos ha enseñado que Cristo es la gracia pero, a través de las Escrituras, podemos ver que eso es un error. Cuando el primer Adán (hombre y mujer) pecan, el Padre lo primero que hace es lanzar la palabra que establecía redención, aunque el hombre no lo merecía. Luego sacrificó ovejas y los cubrió con pieles. Eso es gracia. Y Cristo todavía no había sido manifestado.

Entonces dijo YHVH 'Elohim a la serpiente: Por cuanto has hecho esto, ¡Maldita tú entre todos los animales y entre todas las bestias del campo! Sobre tu vientre andarás, Y polvo comerás todos los días de tu vida.

Y pondré enemistad entre ti y la mujer, Y entre tu descendiente y su descendiente. Él te aplastará la cabeza cuando tú hieras su calcañar.

—Génesis 3:14-15 BTX

Entonces YHVH 'Elohim hizo túnicas de pieles para Adam y su mujer, y los vistió.

—Génesis 3:21 BTX

Narran las Escrituras que Noé halló gracia ante los ojos de Dios y, en ese tiempo, todavía Cristo no había sido manifestado.

Pero Noé halló gracia ante los ojos de YHVH.

—Génesis 6:8 BTX

Moisés, el hombre de la ley, halló gracia ante los ojos de YHVH y Cristo no había sido manifestado.

Y YHVH dijo a Moisés: También cumpliré esta palabra que has hablado, por cuanto has hallado gracia ante mis ojos, y Yo te he conocido por nombre.

—Éxodo 33:17 BTX

Miriam también halló gracia como vemos en la lectura de Lucas 1:30 y Cristo no había sido manifestado. Podemos establecer entonces que Cristo fue el Hijo que el Padre estableció y utilizó para manifestar a través de Él su esencia y su corazón de gracia.

3. Si Miriam halló gracia, entonces Miriam también era pecadora, porque la gracia solo se manifiesta donde hay pecado.

Consideremos ahora el versículo treinta y dos. Encontraremos el diseño bajo el cual nació Jesús el Mesías. Ese diseño se llama paternidad.

- El ángel dijo que el niño que saldría de ella sería llamado Hijo del Altísimo (primera paternidad). Jesús el Mesías sería llamado y conocido como Hijo del Altísimo, reafirmando así que no era un bastardo, no era un ilegal, no era un siervo ni una oveja más, sino que era el Hijo que el Padre celestial reconocía.

- Dios le daría el trono David su padre (segunda paternidad). Jesús el Mesías sería llamado y reconocido como hijo de un hombre pecador llamado David. Es la manera en que José su padrastro se valida como su padre, ya que venía de la descendencia de David. Observe que el hecho de que David fuese un hombre pecador no eximió a Jesús de reconocerlo como su padre.

- Cuando Jesús el Mesías nace, un hombre llamado José —sin experiencia como padre— reconoce a Jesús como su hijo (tercera paternidad). El Padre no tuvo problemas en confiar la crianza y la formación de su único Hijo, Jesús a las manos de un hombre pecador sin ningún tipo de experiencia como padre. Eso me hace entender la importancia de un padre sustituto y cómo el hecho de no haber sido el padre biológico de una persona no lo descalifica a uno para ser un padre que forme.

- Jesús llega al Jordán para ser bautizado por el hombre asignado para abrirle el camino: Juan (cuarta paternidad).

Llega entonces Jesús desde Galilea al Jordán, donde estaba Juan, para ser bautizado por él.

Pero él trataba de impedírselo diciendo: Soy yo el que necesita ser bautizado por ti, ¿y Tú vienes a mí?

Pero respondiendo Jesús, le dijo: Deja ahora, porque así nos es conveniente cumplir toda justicia. Entonces lo dejó.

Y Jesús, después que fue bautizado, subió enseguida del agua, y he aquí se abrieron los cielos, y vio al Espíritu de Dios descendiendo como una paloma que venía sobre Él.

Y he aquí una voz de los cielos que decía: Este es mi Hijo, el amado, en quien me complací.

—Mateo 3:13-17 BTX

Observé varios detalles muy importantes e interesantes aquí. Aunque no veremos ningún lugar en las Escrituras donde se reconozca a Juan el Bautista como una figura paternal para Jesús el Mesías, es necesario mirar cuál fue su función dentro del ministerio de Jesús. Juan vino asignado por el Padre para abrirle el camino a su Hijo, aunque son los padres los asignados para esa tarea. Juan le indica a Jesús el Mesías que él no es digno ni siquiera de desatar el calzado de sus pies y que debería ser Jesús quien lo bautizara a él, a lo que Jesús le contesta que es necesario que Juan lo bautice para que se cumpla toda justicia. La pregunta es la siguiente: Jesús, ¿tendría que bautizarse? La respuesta es, no. ¿Por qué?

El bautismo es la señal de haberse arrepentido de una vida de pecado para comenzar una nueva vida como seguidor de Jesús. Jesús no tenía relación con el pecado, por lo tanto, no tenía que ser bautizado. Entonces, ¿para qué lo hizo? Para asumir la posición pecadora del primer Adán y para enseñarnos que no importa quiénes somos ni qué posición ostentemos, no estamos exentos de estar bajo una autoridad delegada. Si Jesús siendo perfecto y sin relación a pecado no tuvo problemas en acoger a Juan como autoridad, ¿quiénes somos nosotros para no hacerlo?

Después que Jesús fue bautizado, mientras subía del agua, los cielos se abrieron y se pudo ver al Espíritu Santo descender como una paloma que venía sobre él. Las Escrituras dicen que fue como una paloma, no que el Espíritu Santo es una paloma. Luego se escuchó la voz del Padre que dijo: "Este es mi Hijo, el amado, en quien me complací". Es muy importante observar que la única manera en que algo se puede abrir es cuando está previamente cerrado. ¿Y qué pretendo decir con esto? Que Jesús, el Hijo del Padre, perfecto, sin relación a pecado, siendo hijo del Altísimo, hijo de David e hijo de José, vivía bajo cielos cerrados hasta el día en que llegó al Jordán y se acogió a la autoridad de Juan el Bautista para ser bautizado. Fue entonces que el cielo se abrió y el Padre se expresó, diciendo que ese era el Hijo que le provocaba contentamiento. ¿Cuál es el problema que se vive en muchos lugares hoy? El problema es que nos encontramos con personas que parece que viven en mayor perfección que Jesús el Mesías y son mejores que él. No quieren trabajar ni reconocer a ninguna persona como su autoridad paternal.

Abren ministerios solo porque Dios les habló, pero ese no fue el modelaje de Jesús el Mesías.

La escena posterior al bautismo de Jesús, fue la de la tentación. Dicen las Escrituras que Jesús fue llevado por el Espíritu al desierto para ser tentado por el enemigo. Después que Jesús realizara los cuarenta días de ayuno, apareció Satán y le dijo: "Si eres hijo de Dios…" La aparición del enemigo viene después que los cielos se abren y el Padre se pronuncia reconociendo a Jesús el Mesías como su Hijo. El ataque vino rápidamente y fue direccionado a la identidad de Jesús. Observe que el diablo reaccionó a la proclamación de "hijo".

El mundo estaba lleno de siervos y ovejas, de religiosos, pero eso no incomoda al mundo de las tinieblas. Lo que provocó malestar y reacción en el mundo de las tinieblas fue que se pronunciara que había un hijo en la tierra. Eso volvía a traer a existencia el diseño original, el de paternidad y por ende, el de Reino y gobierno, que solo se manifiesta a través de los hijos.

Otro dato interesante es que el mensaje de Juan siempre fue como sigue:

En aquellos días se presentó Juan el Bautista proclamando en el desierto de Judea, diciendo: Arrepentíos, porque el reino de los cielos se ha acercado.
—Mateo 3:1-2 BTX

Cuando Jesús comenzó a predicar su primer mensaje fue el mismo de Juan:

Desde entonces comenzó Jesús a predicar y decir: Arrepentíos, porque el reino de los cielos se ha acercado.
—Mateo 4:17 BTX

¿Qué podemos entender sobre este particular? Que un hijo siempre comenzará predicando lo que su padre predicó. Que no importa cuánta elocuencia o profundidad pueda tener una persona, el mensaje debe ser el mismo de aquel que le abrió el camino.

Vivimos ante una generación que no le gusta rendir cuentas ni ser corregida. La orfandad ha sido la mayor pandemia que ha arropado al mundo. Todos quieren ministerio, todos buscan un promotor, pero pocos desean y anhelan un padre que los corrija y los dirija.

No anhele plataforma si no ha permitido que un padre le moldee.

Capítulo 15

"NO LLAMÉIS PADRE VUESTRO A NADIE EN LA TIERRA"

Uno de los versículos que hemos usado para tratar de debatir el diseño de paternidad se encuentra en el libro de Mateo. Lamentablemente, nos hemos acostumbrado como iglesia a leer las Escrituras como si fuera una revista, un pasquín o un periódico. Cuando la realidad es que las Escrituras no se hicieron para leerse, si no para escudriñarse. Mientras sigamos leyendo, seguiremos incurriendo y divagando en malas interpretaciones que lo único que han producido es ignorancia en el pueblo de Dios.

Y no llaméis Padre vuestro a nadie en la tierra, pues uno solo es vuestro Padre: el celestial.

—Mateo 23:9 BTX

Para poder entender este versículo tenemos que conocer el contexto en el cual se escribió, a quién lo dijo Jesús y por qué. Un factor a considerar es el hecho de que, en los tiempos de Jesús, la mayoría del público al que se dirigía eran judíos, los cuales hablaban hebreo y otros idiomas. Cuando estudiamos las Escrituras, nos damos cuenta de que la traducción que tenemos en nuestras manos es una que fue traducida del griego al castellano y para realmente entender lo que se quería decir, deberíamos ir a una versión al hebreo y no al griego. Cuando buscamos una Biblia de orientación hebrea, lo que realmente dice el contexto es lo siguiente:

Ni procuréis que los hombres os consideren "Padre de Israel", porque uno solo es vuestro Padre, el celestial.

—Tomado de Versión Textual Hebraica, tercera edición.

Lo que Jesús estaba diciendo era que no buscáramos que nos llamaran Abba de Israel. En ningún momento la intención fue que no llamáramos Padre a nadie en la tierra porque si lo tomáramos al pie de la letra, nadie sería tal cosa. En ese caso, no podríamos llamar padre a nuestro padre biológico.

Otro punto a considerar es el hecho de que los capítulos de la Biblia tienen un título y el mismo hace referencia a lo que se habla en el texto o a quien se le habla. En este caso, en la Biblia textual vemos que el título de este capítulo dice: "Jesús acusa a escribas y fariseos", con lo que hace referencia a que el capítulo es una aseveración directa contra el sistema de los escribas y los fariseos.

El capítulo comienza diciendo: "En la cátedra de Moisés se sientan los escribas y los fariseos".

Eso hace clara referencia a la silla que se ponía en la sinagoga desde la que los escribas y fariseos hablaban. Esa silla se consideraba de autoridad. De hecho, todo lo que se hablaba de esa silla, se consideraba correcto. Es por ello que los escribas y los fariseos la utilizaban. Si miramos el resto del capítulo nos daremos cuenta de que todo lo que Jesús hablaba era condenando las prácticas del sistema. Cuando observamos el versículo ocho, dice:

Pero vosotros no seáis llamados Rabbí, porque uno solo es vuestro Maestro, y todos vosotros sois hermanos.

—Mateo 23:8

Ahora dice que a nadie llamen maestro. El problema es que, si tomamos esto de forma literal, entonces tendríamos que eliminar lo que dicen las Escrituras en el libro de

Efesios cuando habla de que Él mismo (Jesús) constituyó maestros como parte de los cinco ministerios (Efesios 4:11).

Ahora veamos lo que dice el versículo diez:

Ni seáis llamados caudillos, porque uno es vuestro Caudillo: el Mesías.

—Mateo 23:10

¿A qué se refiere este versículo? Tenemos que ver que los judíos consideraban a Moisés como su caudillo o su libertador, pero no recibían a Jesús como tal. Ellos celebraban el hecho de que Moisés los sacó de Egipto, pero Moisés nunca pudo sacar de ellos la mente de esclavos que tenían. El resto del capítulo hace una clara referencia a la manipulación que tenían los escribas y los fariseos con el pueblo. Exigían cosas que ellos mismos no estaban dispuestos a hacer.

Es hora de examinar correctamente los versículos bíblicos para no caer en los errores del pasado. Es imposible que un solo versículo pueda contradecir toda la Escritura, que está basada en un principio y un diseño de paternidad. Desde hoy en adelante, usted no volverá a mirar ni a utilizar Mateo 23:9 como un pretexto para no vivir bajo un diseño de paternidad. Necesitamos estudiar y escudriñar la Biblia apropiadamente para evitar lo que hasta hoy ha sido una mala costumbre. Costumbre de tomar un versículo y comenzar a disparar con él sin conocer el contexto y el verdadero significado del mismo.

Capítulo 16

EL NUEVO NACIMIENTO

Comencemos este capítulo definiendo lo que realmente es un nuevo nacimiento. Por mucho tiempo se ha considerado el acto de recibir a Jesús como salvador como un nuevo nacimiento.

La realidad es que es un proceso de crecimiento que va por etapas, hasta alcanzar el nuevo nacimiento. El primer paso es entender que somos pecadores y que necesitamos a Jesús como nuestro perdonador y salvador. Cuando lo aceptamos, pasamos de ser no creyentes a convertirnos en creyentes. Luego podemos tomar libre y voluntariamente la decisión de convertirnos en discípulos. Después de eso, por propia disposición, podemos decidir ser reengendrados y llegar a ser hijos. Eso es, realmente, un nuevo nacimiento. No hay manera de manifestar un nuevo nacimiento si antes no hay muerte. Hay que morir para volver a nacer. En las Escrituras encontramos un ejemplo bastante claro sobre lo que es un nuevo nacimiento.

Había un hombre de los fariseos que se llamaba Nicodemo, un magistrado de los judíos.

Éste vino a Él de noche, y le dijo: Rabbí, sabemos que has venido de Dios como maestro; porque nadie puede hacer estas señales que Tú haces, si no está Dios con Él.

Respondió Jesús, y le dijo: De cierto, de cierto te digo: El que no nazca de nuevo no puede ver el reino de Dios.

Le dice Nicodemo: ¿Cómo puede nacer un hombre siendo viejo? ¿Puede acaso entrar por segunda vez en el vientre de su madre y nacer?

Respondió Jesús: De cierto, de cierto te digo: El que no nazca de agua y Espíritu, no puede entrar en el reino de Dios.

Lo que ha nacido de la carne, carne es; y lo que ha nacido del Espíritu, espíritu es.

No te maravilles de que te haya dicho: Os es necesario nacer de nuevo.

El espíritu sopla donde quiere, y oyes su sonido, pero no sabes de dónde viene ni a dónde va, así es todo el que ha nacido del Espíritu.

Respondió Nicodemo y le dijo: ¿Cómo puede hacerse esto?

Respondió Jesús y le dijo: ¿Eres tú maestro de Israel, y no conoces esto? De cierto, de cierto te digo, que lo que sabemos hablamos, y lo que hemos visto, testificamos, y no recibís nuestro testimonio.

Si os he dicho cosas terrenales y no creéis, ¿cómo creeréis si os digo las celestiales?

—Juan 3:1 9 BTX

Esta historia de Jesús el Mesías y Nicodemo es un ejemplo claro de lo que es un nuevo nacimiento. Nicodemo, magistrado de los judíos, posiblemente era un miembro activo del sanedrín. Estaba muy preparado en el conocimiento de la Torá, mas no deja de aparecérsele a Jesús el Mesías de noche. Eso puede ser una señal de querer ocultarse para que los que lo respetaban como maestro no se dieran cuenta del hambre que sentía por conocer y adentrarse en lo que Jesús hablaba, modelaba y manifestaba, de parte del Padre que —en definitiva— había llamado su atención e impactado. O podía ser también la manera de manifestar la condición oscura en la que vivía su corazón.

En definitiva, lo que Jesús hacía asombró a Nicodemo, lo sabemos porque le dijo: "Nadie puede hacer estas cosas si no proviene de Dios". La respuesta de Jesús es sorprendente, porque comienza diciéndole que el que no nazca de nuevo, no puede ver el Reino de Dios. En otras palabras: Nicodemo, lo que sucede a través de mí solo podrá ser manifestado y establecido por hijos nacidos dentro del ámbito y la dimensión del Reino.

El concepto "nacer de nuevo", viene del griego *anoten*, que tiene dos vertientes: "de nuevo" y "de lo alto". Quiere decir que no está conectado a un solo ámbito celestial, sino también a uno terrenal.

La respuesta de Nicodemo es muy interesante. Él se refirió al ámbito natural, pero Jesús quería llevarlo al espiritual. Nicodemo pregunta: ¿Cómo puede volver a nacer un hombre siendo viejo? ¿Puede acaso volver a entrar en el vientre de su madre y nacer? Nicodemo mostró una revelación que posiblemente muchos hoy no pueden tener. Jesús habló de un nuevo nacimiento y él lo tomó de forma literal. Nicodemo entendió que la única manera que se podía dar un nuevo nacimiento era a través del proceso de morir y ser reengendrado por una semilla en un vientre. Nicodemo estaba siendo testigo de lo que sucedía a través de Jesús, pero desde el lente de su religiosidad y del sistema al que pertenecía. La invitación de Jesús era a ver el Reino desde la perspectiva de Hijo, desde la perspectiva del diseño. Luego de la pregunta de Nicodemo vemos una respuesta aun más profunda de Jesús el Mesías, cuando le dijo: "El que no nazca de agua y del espíritu, no puede entrar en el reino de Dios".

Una de las explicaciones que más se han utilizado para este versículo es la del agua conectada al bautismo, sin embargo, la realidad es que nadie nace de nuevo por bautizarse. El agua está conectada al acto de un nuevo nacimiento a través del alumbramiento. Cuando una persona está embarazada y llega el momento de dar a luz, lo primero que sucede es que hay un rompimiento de la fuente y lo que brota es agua, o sea, el agua es el anuncio de que una nueva criatura está por nacer.

Cuando habló del espíritu, literalmente se refirió al espíritu del hijo, el mismo que perdió el primer Adán, cuando en el principio pecó y perdió la vida que había recibido del Padre. La primera aseveración de Jesús, era que tenía que nacer para verlo, conectándolo a la decisión de entrar en un vientre para ser reengendrado. La segunda aseveración de Jesús se vincula al agua y al espíritu para poder entrar al reino. Es decir, una cosa es reconocer la condición y la necesidad de entrar en un vientre y otra la de morir a lo que la persona conoce para ser reengendrada. La tercera aseveración, está conectada al alumbramiento para poder entrar.

Muchas personas desean ver el Reino y se conforman con eso, otros desean la plenitud y están dispuestos a morir a lo que eran para poder entrar a la dimensión del reino. Nicodemo era uno de esos hombres que quizá podemos comparar con mucha gente hoy. Son las personas que no están dispuestas a morir a todo lo que eran, a lo que aprendieron, a lo que les enseñaron, porque eso les hace disfrutar de cierto estatus en su entorno. Pero, no es hasta que muera a lo conocido y tradicional, que podrá ver y entrar en el Reino de Dios. Por eso el mensaje era contundente: el Reino de los cielos se ha acercado. La pregunta es, ¿quiere entrar? Lo que es nacido de la carne, carne es; lo que es nacido del espíritu, espíritu es. Todo el que nació de la genética del primer Adán es carne, pero todo el que murió juntamente con Cristo y es reengendrado a través de un nuevo nacimiento es nacido del espíritu del Hijo.

Vemos cómo se desconecta Nicodemo de Jesús debido a que no está dispuesto a morir a lo que conocía, al sistema, para ser rengendrado en el reino. Nicodemo necesitaba un padre en la tierra que lo reengendrara para poder entrar al Reino de Dios. Tenía que renunciar a todas sus enseñanzas sistemáticas. Más adelante, vemos que Nicodemo desaparece y vuelve a aparecer junto con José de Arimatea, tras la muerte de Jesús el Mesías para honrarlo. Comió de Jesús, se alimentó de él, pero no lo honró en vida. Muchos hoy, tienen el síndrome de Nicodemo. Saben que necesitan ser reengendrados, pero no están dispuestos a entrar en el proceso de morir a lo que son para ser escondidos en un vientre y ser alumbrados. Nicodemo aparece para honrar al Mesías después de su muerte.

Aprendamos a honrar a los que nos alimentan y se invierten en nosotros en vida. No espere a que alguien muera para honrarlo en su funeral.

Capítulo 17

DE PERSEGUIDOR A PADRE

Es mucho lo que podemos hablar de un hombre llamado Pablo. Es conmovedora su historia, sus escritos, sus cartas, su paternidad, su entrega, su pasión y su compromiso. Ha marcado la vida de millones de personas a través de la historia. Es fascinante predicar y enseñar de sus cartas y su modelaje. Hablar de la gracia que predicó es algo que muchos aman y otros detestan.

Una de las cosas más interesantes e importantes del apóstol Pablo es ver quién era antes de ser Pablo. Hay que ver cuál era su vida, de dónde salió y qué tuvo que dejar para poder alcanzar lo que logró. Todo comenzó con Saulo, el gran perseguidor de la iglesia.

En ese tiempo, Saulo, respirando aún amenazas y muerte contra los discípulos del Señor, se acercó al sumo sacerdote,

y le solicitó cartas para las sinagogas de Damasco, para que cuando hallara hombres o mujeres que eran de este Camino, pudiera traerlos atados a Jerusalén.

Pero yendo por el camino, sucedió que cuando se acercaba a Damasco, de repente resplandeció alrededor de él una luz del cielo,

y cayendo en la tierra, oyó una voz que le decía: Saulo, Saulo, ¿por qué me persigues?

Contestó: ¿Quién eres, Señor? Y Él: Yo soy Jesús, a quien tú persigues.

Pero levántate y entra en la ciudad, y se te dirá lo que tienes que hacer.

Y los varones que iban con él se habían parado estupefactos, oyendo a la verdad la voz, pero no viendo a nadie.

Entonces Saulo se levantó del suelo, y abriendo sus ojos, nada veía. Así que, llevándolo de la mano, lo introdujeron en Damasco. Y estuvo tres días sin ver, y no comió ni bebió.

—Hechos 9:1-9 BTX

"En ese tiempo, Saulo, respirando aún amenazas y muerte contra los discípulos del Señor", no era una expresión normal ni poco significativa. Realmente era una manera de expresar una gran ira o un juicio contra alguien que estaba haciendo algo en contra de Dios y, aunque los discípulos realmente estaban haciendo lo correcto, ante los ojos del sistema religioso que operaba en aquel tiempo, ellos estaban equivocados. Recordemos que los discípulos anunciaban las buenas nuevas del Evangelio del Reino y día a día se enfrentaban con los que se dedicaban a perseguir todo lo que Jesús el Mesías había impartido, ya que ello era una amenaza contundente a los que los religiosos enseñaban y creían.

Saulo andaba en busca de cartas que lo autorizaran a proseguir con la persecución y el encarcelamiento o la muerte de aquellos que eran parte del Camino (Jesús). Y es precisamente en ese caminar, cuando estaba cerca de Damasco, que se encuentra con una sorpresa. Una potente luz del cielo lo alumbró y Saulo cayó al suelo. Pudo escuchar una voz que lo llamó por su nombre. Y le dijo: "Yo soy Jesús, a quien tú persigues". Saulo se encontraba haciendo lo que comúnmente hacía, perseguir. Pero ese día, el Padre tenía un plan para él y era que se encontrara con su Hijo Jesús. Eso tiene un valor impresionante. Observe bien que el encuentro no fue con el Padre, fue con el Hijo. Porque era precisamente a los discípulos del Hijo, a los que Saulo perseguía. La mayor amenaza para las tinieblas no son los congregantes, no son los evangélicos, no son las denominaciones, no son los concilios, son los hijos. Ese encuentro con la luz (Jesús), que ocurrió al mediodía —cuando el sol estaba en su mayor esplendor— fue tan fuerte que Saulo dijo que era mayor que el del sol.

Ocupado en esto iba yo a Damasco, con autorización y comisión de los principales sacerdotes,
  cuando a mediodía, oh rey, yendo por el camino, vi que una luz del cielo, superior al resplandor del sol, resplandeció alrededor de mí y de los que viajaban conmigo.

—Hechos 26:12-13 BTX

Las Escrituras narran que el encuentro con la luz hizo que quedara ciego, sin embargo, podemos decir que la luz lo que provocó fue que la verdadera condición de Saulo fuera expuesta. Él ya estaba espiritualmente ciego. Siempre que se enciende una luz, lo que no se ve, se comenzará a ver. Por eso es tan importante ser alumbrados dentro del diseño. Saulo estuvo ciego por tres días, pero el Padre tenía preparado un Ananías que tendría como asignación llegar a Saulo para rescatarlo de la condición en la que se encontraba. Ananías recibió las instrucciones y, en obediencia, llegó hasta donde estaba Saulo. Una vez allí, entró y le impuso las manos. Narran las Escrituras, que al instante le cayeron de los ojos como escamas y recobró la vista. No se nos dice qué aconteció ni qué pasó por la mente de Saulo durante esos tres días que permaneció sin poder ver. Solo sabemos que algo en él murió y algo comenzó a nacer. Por decisión propia, Saulo fue perseguidor del evangelio pero —por diseño— era un padre llamado Pablo.

No habríamos conocido a Pablo, al que se le adjudican trece epístolas en el nuevo pacto, si no hubiera muerto Saulo. El Padre lo diseñó para grandes cosas y con un propósito maravilloso. Tuvo un encuentro directo con Jesús, pero necesitó de un Ananías para que le impusiera las manos y pudiera recobrar la vista. Necesitó de un Bernabé que lo presentara a los apóstoles y a los discípulos. Luego, ese mismo Bernabé lo impulsó en el ministerio unos años más tarde.

Más allá del llamado ministerial que alguien pueda tener, no puede cambiarse el hecho ni la necesidad de tener un padre que le imponga las manos, que le forme, que le alumbre, que le impulse y le direccione. Todo este caminar que vivió Pablo tenía como intención no solamente que él conociera a Jesús y el Evangelio del Reino, sino que se convirtiera en el padre que el Padre asignó para levantar hijos apóstoles de Reino en aquel tiempo. En el próximo capítulo conoceremos más de la función paternal de Pablo y cómo se convirtió en un modelo del diseño de paternidad.

Capítulo 18

LA NECESIDAD DE LA GENERACIÓN TIMOTEO

Uno de los personajes bíblicos que ha bendecido mi vida a través de su modelaje, pasión, obediencia, compromiso, fidelidad y lealtad es el apóstol Timoteo. Leer sobre su vida, trabajo y función como hijo del apóstol Pablo ha sido para mí fuente de inspiración y, a la misma vez, una manera de retarme a ser cada día más eficiente en mi trabajo en el reino.

Hablemos un poco sobre la historia de este hombre que fue uno de los hijos del apóstol Pablo.

Bajó también a Derbe y a Listra, y he aquí, había allí cierto discípulo de nombre Timoteo (hijo de una mujer judía creyente, y de padre griego),
  del cual hablaban favorablemente los hermanos en Listra e Iconio.
  Quiso Pablo que éste saliera con él; y tomándolo, lo circuncidó por causa de los judíos que estaban en aquellos lugares; porque todos sabían que su padre era griego.

—Hechos 16:1-3 BTX

El apóstol Pablo llego a la región de Derbe y Listra y allí se encontró con un joven llamado Timoteo. Su edad era aproximadamente de veinte años y era discípulo. Venía de una madre judía y un padre griego que ya había muerto. Se dice que el apóstol Pablo fue quien, en un viaje previo, se había ganado para Jesús a Loida y a Eunice, abuela y madre de Timoteo respectivamente. Al momento de su encuentro con Pablo, Timoteo contaba con un buen testimonio. Hay dos detalles muy importantes e interesantes hasta aquí:

1. Era discípulo. Eso me dice que sabía sentarse a aprender y a ser instruido. Tenía uno o varios maestros o mentores. Tenía a quién rendirle cuentas.

2. Era de buen testimonio. Su modelaje era correcto. Sus frutos hablaban por él.

Me parece que esta parte de Timoteo llamó la atención de Pablo, al extremo de que quiso llevarlo con él para que fuera parte del ministerio. Cuando vemos lo que Pablo creía, predicaba y enseñaba nos damos cuenta de que no estaba a favor de la circuncisión. No obstante, tomó a Timoteo y lo primero que hizo con él fue circuncidarlo. La pregunta que nos deberíamos hacer es: ¿por qué y para qué lo circuncidó?

Lo primero que tenemos que ver es el hecho de que Timoteo tuvo un padre griego que no creía en la circuncisión, como los judíos. Lo segundo, es que la asignación que Pablo tenía para Timoteo era predicar y alcanzar las sinagogas de los judíos; de modo que el simple hecho de que Timoteo no estuviera circuncidado era razón suficiente para ni siquiera escucharlo. Así que tenemos a un huérfano de padre, llamado Timoteo, que se encuentra con un padre espiritual llamado Pablo, que lo toma y asume el papel del padre natural que Timoteo ya no tenía. En ningún lugar encontramos que Timoteo cuestionara o se opusiera a que Pablo lo circuncidara. En ese acto de intimidad donde hay sangre, donde se corta, donde se logra ver lo que a simple vista no se ve, se establecen lazos de paternidad muy fuertes. Un padre genuino tendrá que llevar a sus hijos al cuarto de la circuncisión. Solo así se cortará lo que produce las infecciones, lo que no permite la reproducción y lo que puede retrasar el sano crecimiento de un hijo.

Esos momentos se pueden dar de dos maneras: en instantes de persona a persona o de manera colectiva a través de la enseñanza, discipulado o las prédicas que a diario o por semanas se imparten en una casa de hijos. La manera de identificar a una persona que realmente ama su asignación, y que tiene una identidad clara, es por lo que constantemente busca. Si es alguien que ama la exposición, la promoción y la plataforma, usted está delante de un busca oportunidades. Pero si, por el contrario, tiene en frente a una persona que ama la corrección, está delante de un hijo que multiplicará todo lo que usted le entregue. Fíjese bien que lo primero que recibió Timoteo al encuentro con Pablo no fue una placa de reconocimiento por ser el discípulo destacado del territorio ni un reconocimiento por su buen testimonio ni una invitación a predicar en una gira por el territorio; al contrario, lo que recibió fue la orden de circuncidarse para poder ser efectivo en la asignación que un padre le tenía. Quien asigna el territorio y establece las metas es el padre, no el hijo.

Timoteo se entregó en las manos del que a partir de ese momento se convertía en su padre espiritual, no solo para circuncidarlo, sino también para formarlo y entrenarlo.

Es muy común encontrar predicaciones enfocadas en la gracia que el apóstol Pablo predicaba, pero más allá de ser un excelente exponente de la gracia, el apóstol fue un modelo real y excelente del diseño de paternidad. Veamos a través de las Escrituras parte de ese modelaje:

No os escribo estas cosas para avergonzaros, sino que os amonesto como a hijos míos amados.

Porque aunque tengáis diez mil pedagogos en el Mesías, no tenéis muchos padres; porque en Jesús el Mesías, yo os engendré por medio del evangelio.

Por tanto, os ruego, que me sigáis imitando.
Por esto mismo os envié a Timoteo, quien es mi
hijo amado y fiel en el Señor, el cual os recordará mi
proceder en el Mesías, tal como enseño dondequiera
en toda iglesia.

—1 Corintios 4:14-17 BTX

Observemos la manera en que el apóstol se refiere a los corintios cuando los amonesta. Les habla a "sus hijos amados". Y les recuerda que dentro de lo que una persona puede decidir, está el hecho de tener uno, varios, muchos, miles o tanto como diez mil pedagogos, que no es otra cosa que uno que educa, enseña u ofrece mentoría. Pero no se pueden tener muchos padres.

Lo que Pablo les estaba queriendo decir era: "El modelo y el diseño para poder nacer de nuevo (lo mismo que Jesús le dijo a Nicodemo), es a través de un nuevo nacimiento dentro de un vientre".

Pablo les está dejando claro que hay un padre asignado para reengendrarlos, que no se trata de mentores o maestros, que en realidad pueden ser muy buenos y necesarios en diferentes momentos, pero la formación y la legalidad vendrá solo a través de un padre asignado. De todos modos, le toca a usted decidir si tiene el tiempo para escuchar a diez mil pedagogos, dándole diez mil diferentes consejos o se sienta a escuchar a un solo padre, que lo direccione a su destino.

Y va aun más allá, cuando les pide que lo sigan imitando a él. Estoy seguro de que no solo se refería a lo que estaba haciendo, sino también a que pudieran entender que la paternidad que él les modelaba en ese momento debía ser el modelo en el que ellos debían entrar para convertirse en padres de generaciones. Y continúa hablándoles, diciéndoles la razón por la que les envió a Timoteo, que era su hijo amado y fiel. No solamente les envió un hijo, sino uno que está ligado totalmente con códigos claros de fidelidad y amor. Haber enviado a ese hijo les estaría recordando constantemente la manera de proceder de su padre Pablo. Eso no quiere decir que Timoteo no era original o que no tenía nada que dar, es que Timoteo tenía una asignación clara y definida. Él sabía que su función era reproducir la genética que su padre le había impartido. Por eso vemos cómo en las cartas que el apóstol Pablo escribe, se refiere a Timoteo como su hijo amado, fiel, verdadero y genuino.

Tú pues hijo mío, sé fortalecido con la gracia que hay en Jesús el Mesías.

Las cosas que oíste de mí en medio de muchos testigos, éstas encargan a hombres fieles que sean idóneos para enseñar también a otros.

—2 Timoteo 2:1-2 BTX

Pablo, el padre de Timoteo, le encarga que continúe enseñando y predicando todo lo que escuchó de él y no solo eso, sino que le encargara a otros hombres que sean como él, fieles e idóneos para enseñar a otros. Vemos una vez más la clara intención de paternidad de un padre llamado Pablo, que insiste en que su hijo Timoteo continúe levantando hijos tal y como él fue levantado.

La grandeza de la fidelidad de Timoteo para con su padre Pablo no estaba ligada a la comodidad ni a los buenos momentos, sino que trascendía más allá. Pablo estuvo preso en varias ocasiones y su hijo Timoteo lo acompañó en sus prisiones. En otras palabras, no estamos hablando de un hijo que solo disfrutaba de los buenos momentos, sino de uno que no dejaría a su padre, independientemente del momento difícil que estuviera atravesando. Necesitamos una generación de hijos Timoteo que se levanten para reproducir la esencia de un padre y el diseño de la paternidad.

Capítulo 19

PATERNIDAD: DE INÚTIL A ÚTIL

Este capítulo comienza con un cuadro de prisioneros. Tenemos al apóstol Pablo, encontrándose junto a su hijo Timoteo, cumpliendo una sentencia por andar predicando las buenas nuevas del Evangelio del Reino. A esta historia le sumamos dos personajes que responden a los nombres de Filemón y Onésimo. El primero, es un hombre acomodado de aquel tiempo y es la persona a la que el apóstol Pablo le dirige la carta del libro de Filemón. El segundo protagonista es un hombre que se encuentra preso en la misma cárcel donde Pablo y su hijo Timoteo están. No sabemos la razón exacta, pero algunos estudiosos afirman que Onésimo le robó a su amo Filemón. Otros afirman que fue a causa de Onésimo haber huido de la casa de Filemón, donde se debía como esclavo. Quizás haya otras opiniones, pero lo que más importa aquí no es por qué estaba preso, sino lo que sucedió mientras estaba condenado en prisión. De todas las cartas que escribió Pablo, la más corta y la que me gusta más es la que escudriñaremos a continuación: la de Filemón.

Es un solo capítulo, pero de principio a fin está conectado al diseño de paternidad. Esta carta se desarrolla en el momento en que ya Onésimo está terminando su tiempo de condena como prisionero y ahora le corresponde regresar a la casa de su amo Filemón. Es por esa razón que Pablo decide redactarla y enviársela.

Pablo, prisionero de Jesús el Mesías, y el hermano Timoteo, al amado Filemón, colaborador nuestro.
—Filemón 1:1 BTX

Esta carta no solo muestra que es de un padre escribiendo sino que el simple hecho de incluir a su hijo Timoteo me muestra el grado de conexión del uno con el otro.

O sea, no es una carta escrita solo por un padre, sino que cuenta con el respaldo de un hijo que no cesa de aprender cada día.

> *Doy gracias a mi Dios, haciendo siempre memoria de ti en mis oraciones,*
> *al oír de tu amor y de la fe que tienes hacia el Señor Jesús y hacia todos los santos,*
> *y ruego para que la participación de tu fe sea eficaz en el pleno conocimiento de todo lo bueno que hay en nosotros respecto al Mesías,*
> *porque tuvimos mucho gozo y consolación en tu amor, pues por medio de ti, oh hermano, han sido confortados los corazones de los santos.*
>
> —Filemón 1:4-7 BTX

Pablo le recuerda a Filemón que, en medio de todo, está orando por él y a su vez le agradece el estar escuchando del amor y la fe que tiene hacia Jesús y hacia el resto de los hermanos. Es más, en el versículo siete, Pablo se muestra muy consciente y agradecido con la labor que ha estado realizando Filemón y le recalca el hecho de que por medio de ellos, los corazones de los santos han sido confortados.

> *Por lo cual, aunque tengo mucha libertad en el Mesías para mandarte lo que es apropiado,*
> *más bien te ruego a causa del amor, siendo tal como soy, Pablo, ya anciano, y ahora también prisionero de Jesús el Mesías,*
> *te ruego por mi hijo Onésimo, a quien engendré en las prisiones,*

el cual en otro tiempo te fue inútil, pero ahora es útil a ti y a mí.

A éste vuelvo a enviarte; a él, es decir, a mis entrañas.

—Filemón 1:8-12 BTX

Pablo le recuerda que aunque él, como apóstol, puede darle instrucciones y exigirle, no lo va a hacer, sino que le pide en forma de ruego, considerando su gran corazón, que considere a su hijo Onésimo. Este hombre llegó a la cárcel como un delincuente más. No sabemos si tenía un padre vivo, alguna familia o cuál había sido su vida pasada. Solo sabemos que en la cárcel se encontró con un padre llamado Pablo, con un hermano llamado Timoteo y con un diseño llamado paternidad. Diseño que no solo fue de palabras, sino que Onésimo pudo ver cómo se manifestaba a través de la vida de sus dos compañeros de prisión, Pablo y Timoteo. No se necesitó una plataforma, un micrófono, un equipo de trabajo, una estructura conciliar, unas credenciales, un grupo de testigos ni un plan de trabajo para cambiarle la vida a Onésimo. Solo bastó el hambre de un hijo y el corazón de un padre para metérselo en el vientre y —con la semilla del Reino— reengendrarlo, aun en medio de las circunstancias y la atmósfera de una prisión. A tal punto que pudo llamarlo "mi hijo". Estoy seguro de que lo primero que Pablo hizo, cuando lo conoció en la prisión, fue predicarle de Jesús. Pero ese era solo el primer paso, el resto se lograría dentro del vientre.

Pablo continúa escribiendo y le dice que él sabe que en otro tiempo Onésimo le fue inútil, pero el encuentro con un padre lo ha convertido en un ser útil. Un detalle interesante es el significado del nombre Onésimo. Es de origen griego y significa "útil", sin embargo, no sabemos que pasó en medio del camino en la vida de ese hombre que lo menos que había hecho era hacerle honor a su nombre. Pero esos días y esa historia terminaron cuando se encontró y decidió ser reengendrado por Pablo. Sus años y su vida de inutilidad terminaron. Por eso Pablo le recuerda a Filemón y le dice: "Antes era inútil, pero ahora es útil para ti y para mí", "Ahora te lo vuelvo a enviar" pero en realidad, aunque el que ves llegando con la carta es Onésimo, realmente, son mis entrañas; o sea, ya no es él, soy yo mismo, Pablo, el que está llegando con esta carta. Esto es muy profundo. La paternidad sana y correcta, conecta de manera tal a un padre y a un hijo, que se convierten en el equipo reproductivo más efectivo que jamás se pueda encontrar. Ese es el diseño y el modelo.

Las entrañas son lo más interno de una persona. No es algo superficial. Estamos hablando de las profundidades de la intimidad de un ser humano y eso es lo que Onésimo recibió de su padre Pablo.

Yo quería retenerlo conmigo, para que me sirviera en representación tuya en las prisiones del evangelio, pero nada quise hacer sin tu consentimiento, para que tu bien no sea como por medio de coacción, sino voluntariamente.

Porque tal vez por esto se apartó de ti por algún tiempo, para que lo recibieras por completo para siempre,

no ya como siervo, sino más que siervo: como hermano amado, especialmente para mí, y cuánto más para ti, así en la carne como en el Señor.

—Filemón 1:13-16 BTX

Había sido tan fuerte y radical la transformación de Onésimo, que su padre Pablo quería retenerlo con él para que representara a Filemón en medio de los tiempos de prisión, pero Pablo era un hombre de alta honorabilidad y sabía que Onésimo se debía a Filemón, por lo que no quería de ninguna manera coaccionarlo. Así que le menciona que la separación que estaban viviendo por un tiempo, posiblemente estaba conectada al hecho de la necesidad de Onésimo de encontrarse con un padre que lo reengendrara y pudiera provocar un cambio permanente en la genética de él para que así no volviera a cometer otro error que los llevara a separarse una vez más.

En los tiempos en que se desarrolló esta historia, las personas como Filemón —que tenían esclavos o siervos trabajando para ellos— normalmente construían unos dormitorios en la parte posterior de la residencia principal con el fin de que los siervos durmieran allí, o sea, fuera de la casa de los amos. Ese lugar se consideraba la residencia de los siervos. Ese hecho era de pleno conocimiento del apóstol Pablo y es por esa razón que, en la carta, le dice a Filemón que al Onésimo que está llegando a su casa, a causa de haber encontrado paternidad, ya no lo puede recibir como siervo, sino que ahora lo tendría que recibir como hermano. Pablo le estaba advirtiendo que ni se le ocurriera enviarlo a dormir con los siervos. Ahora tendría que permitirle dormir en la residencia principal donde duermen los hijos. Cierra ese versículo, afirmando una verdad y es el hecho de que la paternidad afecta los ámbitos espirituales, pero también los naturales (o de la carne), ya que son trastocados por el diseño.

Así que, si me tienes por compañero, acógelo como a mí mismo;

> *y si en algo te perjudicó o te debe, ¡cárgalo a mi*
> *cuenta!*
> *Yo Pablo lo escribo de mi mano: ¡Yo pagaré! (por*
> *no decirte que aun tú mismo te me debes).*
> *Sí, hermano, que yo me beneficie de ti en el Señor;*
> *conforta mi corazón en el Mesías.*
>
> —Filemón 1:17-20 BTX

Aquí, el padre vuelve a interceder por su hijo, pidiéndole a Filemón una vez más que lo acoja como si fuera él mismo. Y Pablo va aun más lejos: lo que te deba o lo que esté pendiente entre ustedes, cárgalo a mi cuenta. En otras palabras: "Filemón, esto es borrón y cuenta nueva. No quiero que traigas a memoria deudas pasadas, errores del ayer. Es hora de escribir nuevas historias que hablen de la transformación de un hijo. Además, tú sabes que hablamos con claridad, tú mismo estás en deuda conmigo".

El padre trabajará no solamente con el futuro de usted, sino que también entrará en las situaciones sin resolver de su ayer para que no haya nada por lo que le puedan señalar. El diseño del Padre para sus hijos siempre traerá avance y conquista. El Padre no se enfoca en sus errores, sino en su corazón y en su actitud ante lo que vive hoy. Así que levántese porque hay un padre asignado a su vida y a su generación. Si su pasado no le pudo detener, tampoco le podrá sostener...

¡Suéltelo!

Capítulo 20

PABLO, EL MODELO DE PATERNIDAD

Todos conocemos la grandeza de la asignación encomendada a Pablo. Sus años como perseguidor llegaron a su fin y ahora le correspondía ser el perseguido. Por mucho tiempo, persiguió con mentiras a los que hablaban verdad. Ahora, portando la verdad, es perseguido por los que portan la mentira. El hablar, enseñar y predicar con denuedo sobre la verdad de la gracia y del Evangelio del Reino le estaba causando la más cruel e intensa persecución. Vivir bajo esclavitud y defenderla es un acto que no tiene sentido pero que se justifica a través de la ignorancia. Como hijos, tenemos el total derecho a vivir en libertad y, no solo eso sino, a dar libertad a los cautivos.

> *El Espíritu del Señor está sobre mí, porque me ungió para evangelizar a los pobres; me ha enviado a proclamar libertad a los cautivos, y restauración de vista a los ciegos, a enviar en libertad a los oprimidos,*
> —Lucas 4:18 BTX

La libertad es para los hijos y solo puede ser dada a través de los hijos. La condición más fuerte de esclavitud no es la que se vive físicamente, sino la que mentalmente nos esclaviza y no nos permite avanzar. Es la falta de identidad lo que ha limitado generaciones enteras. Por eso es necesario abrir el entendimiento. No podemos seguir defendiendo los sistemas de esclavitud. Romper esa esclavitud es posible a través de la apertura de nuestra mente. Necesitamos la revelación de la paternidad. Somos hijos. No podemos vivir ignorantes del sacrificio de un Hijo llamado Jesús el Mesías.

"La ignorancia es la madre de la desgracia".

La gente de ese tiempo estaba dividida entre judíos y gentiles. Si no pertenecía a la parte de los judíos, no era merecedor de nada, no era bienvenido y no tenía derechos. Todo en el mundo judío estaba conectado a vivir bajo la ley. Muchos de los que ya habían conocido la gracia que Pablo predicaba, en ocasiones, eran señalados y seducidos por esos grupos de judíos que —con astucia y artimañas— pretendían arrastrarlos nuevamente a las tradiciones y rudimentos de la ley. El apóstol Pablo recibe la encomienda de ser el precursor del evangelio de la gracia.

Por esta causa, yo Pablo soy el prisionero del Mesías por amor a vosotros los gentiles,
    si es que oísteis acerca de la administración de la gracia de Dios que me fue encomendada para vosotros,
    conforme a una revelación me fue dado a conocer el misterio, como antes escribí brevemente,
—Efesios 3:1-3 BTX

Gracia no es otra cosa que el favor inmerecido del Padre para nosotros. No es un acto meramente añadido al nuevo pacto, sino que es la esencia del corazón paternal del Eterno, ya que —como hablamos en capítulos anteriores— desde el principio las Escrituras nos muestran y enseñan la gracia que existía aun antes de la ley. Como ejemplo presentamos al primer Adán, Noé, Moisés y Miriam (María), la que cargó a Jesús el Mesías en su vientre y lo alumbró en la tierra asignada para su nacimiento. Anotemos que la primera manifestación de gracia ocurre cuando dos hijos llamados Adán pecan por decisión y el Padre establece de inmediato un plan para rescatarlos y después de eso los cubre de manera temporal con pieles de ovejas. Todo ello con la intención de que, en el tiempo determinado, enviaría a su único Hijo a la tierra para que por esa misma gracia, previamente manifestada, los que habían entrado en la condición de siervos y ovejas pudieran regresar a la posición de hijos. La gracia, desde el principio, no vino conectada directamente a la salvación sino que su propósito era devolverle al hombre su estado original (al que no merecía ser devuelto).

Debemos recordar que los pecados podían ser expiados a través del sacrificio de animales, sin embargo, ningún sacrificio animal podía devolver al hombre ni a la mujer a su posición de hijos. Es por esa razón que el Padre envió a su único Hijo para devolvernos al origen. Pablo recibió la encomienda de predicar de esa gracia, pero también recibió la misión de reproducir esa esencia asignada a través de hijos que salían de sus entrañas. Predicar y no reproducir es un acto de total ignorancia e irresponsabilidad, es por esa razón —de la falta de revelación en la paternidad— que hemos visto cómo al pasar los años, grandes hombres y mujeres asignados a diversos movimientos en el mundo, han muerto y con ello ha terminado todo ese movimiento.

El Padre es generacional, por lo que su esencia y su diseño no han cambiado. Lo que Él estableció desde el principio, lo dispuso como su modelo para la humanidad. El apóstol Pablo se convirtió en un reproductor de ese diseño. Su modelaje de padre afectó la vida de mucha gente y de generaciones. Muchos podrán pensar en él como un gran apóstol pero, para mí, su mayor atributo fue levantar una generación de hijos como apóstoles, entre los que podemos mencionar a Timoteo, Tito y Onésimo, entre otros.

De nada vale ser el mejor en alguna materia, ministerio o asignación, si no podemos reproducir eso en otros como hijos. Es muy importante conocer que la verdadera función de un padre es lograr que los hijos asignados alcancen su destino. Los hijos no son los facilitadores de mi visión, los hijos solo facilitan que yo pueda ejercer correctamente mi función de padre, sabiendo que todo lo que un padre recibe siempre será la herencia de los hijos. No todo lo que ocurrió en la vida de Pablo se narra en las Escrituras. Es imposible que lo que Pablo era, no se reprodujera en sus hijos. Así que tomemos el ejemplo de Pablo como padre y reproduzcamos la paternidad.

Capítulo 21

EL ORDEN DEL CUERPO

Aunque el hombre fue formado el sexto día de la creación, ya existía en la mente del Padre aun desde antes de ese acto. Su plan fue que, a través del diseño, todo tomara forma y orden. El hombre fue asignado dentro del diseño de paternidad para ser el que estableciera el Reino y gobernara sobre todas las cosas. El primer Adán recibió instrucciones específicas sobre su función en la tierra, por razón de que en el Padre todo está diseñado para funcionar dentro del orden del Reino. Cuando el primer Adán falló, todo quedó fuera del gobierno de él; ahora caminaba en su condición y fuera de su posición. El Padre estableció y decretó la sentencia de la serpiente, pero también la restauración de todas las cosas a través del segundo Adán, que tomaría la condición del primer Adán a fin de liberarlo y restituirlo al orden del diseño de la paternidad para que reinara y gobernara nuevamente. Ya Jesús el Mesías vino a la tierra, ya realizó y cumplió con su asignación y su función. Aquellos que lo reciben y nacen de nuevo dentro del diseño del Padre viven dentro de la plenitud del Reino.

Como iglesia, somos el Cuerpo de Cristo y él es nuestra cabeza. Sin embargo, ha pasado generación tras generación y la iglesia permanece dentro de un supuesto avance, pero sin resultados. Cada día se abren miles de iglesias en el mundo entero. Las mismas pueden estar muy estructuradas dentro del sistema que los concilios o grupos han establecido, pero no necesariamente operan dentro del diseño establecido por el Padre. Se han levantado lugares que llenan las expectativas del que no conoce o ignora el propósito del Diseñador, pero están muy lejos de complacer al Padre que originó el diseño. Veamos ahora a través de las Escrituras cuál es el orden del Padre para operar como cuerpo de Cristo.

Yo, pues, el prisionero del Señor, os exhorto que andéis como es digno del llamamiento con que fuisteis llamados:

Con toda humildad y mansedumbre, soportándoos con longanimidad unos a otros en amor,

solícitos por guardar la unidad del Espíritu en el vínculo de la paz.

Un solo cuerpo y un solo Espíritu, como también fuisteis llamados con una misma esperanza de vuestro llamamiento:

Un solo Señor, una sola fe, un solo bautismo,

un solo Dios y Padre de todos, quien está sobre todos, a través de todos, y en todos.

A cada uno, entonces, nos fue dada la gracia según la medida del don del Mesías;

—Efesios 4:1-7 BTX

Vemos en estos versículos del libro de Efesios el orden establecido para operar como cuerpo de Cristo. Comenzamos estableciendo al Dios Padre, que está sobre todos, a través de todos y en todos. Luego tenemos dentro de ese orden al Mesías, que vino a la tierra en su rol de Hijo para poder rescatar al hombre de su condición y reestablecerlo en su posición. La iglesia necesita, de una vez por todas, comprender esta poderosa verdad de la intención del Padre al entregar a su único Hijo. Ahora sigamos con los versículos siguientes:

Por lo cual dice: Subiendo a lo alto, tomó cautiva la cautividad, Dio dones a los hombres.

(Y eso de que subió, ¿qué significa, sino que también había descendido a las profundidades de la tierra?

El que descendió es el mismo que también ascendió por encima de todos los cielos para llenar todas las cosas.)

Y Él mismo dio: unos, apóstoles; otros, profetas; otros, evangelistas; y otros, pastores y maestros;

—Efesios 4:8-11 BTX

Estos versículos hacen clara referencia a Jesús el Mesías y a la labor que realizó en su venida a la tierra. Él tomó la cautividad y dio dones a los hombres. Cargó con nuestra culpa, quitó la condenación de nosotros, acabó con la maldición y perdonó nuestros pecados. También por gracia dio dones a los hombres. Ahora veamos lo siguiente: Él mismo instituyó a unos apóstoles; a otros, profetas; otros, evangelistas; y otros, pastores y maestros; estos son los cinco ministerios que Cristo constituyó, y aunque siempre ha habido resistencia con algunos de ellos, principalmente con lo apostólico y lo profético, la resistencia en contra de esos ministerios no ha prosperado.

La mala y vaga interpretación de varios versículos ha traído confusión y atraso al avance del cuerpo de Cristo. Creemos firmemente que los cinco ministerios son parte del plan del Padre, pero necesitan estar constituidos dentro del orden y el diseño. La paternidad espiritual no es un ministerio, es un diseño y fue lo primero que el Padre estableció aun antes de formar al hombre.

Ya sabemos que los cinco ministerios los constituyó Cristo y pudo hacer eso porque era un hijo en legalidad y legitimidad, no solo porque era Hijo de Dios, sino porque era hijo de David, hijo de José y se sometió bajo la autoridad de Juan el Bautista, aun siendo un hombre sin relación a pecado.

El orden establecido es que cinco ministerios operen bajo el diseño de paternidad. El problema hasta este día ha sido que tenemos el mundo lleno de iglesias en las que operan personas en los cinco ministerios, pero no viven bajo el diseño de paternidad. Apóstoles ungiendo a otros, pastores ungiendo a otros, concilios con presbíteros ungiendo a otros, excusados en que son hijos de Dios. Jesús el Mesías era Hijo del Altísimo, pero eso no lo eximió de ser hijo de David, hijo de José y acogerse a la autoridad de Juan el Bautista. Cinco ministerios establecidos por un hijo...

Y usted, ¿es hijo?

¿Para qué necesitamos de la paternidad como diseño y los cinco ministerios?

A fin de adiestrar a los santos para la obra del ministerio, para la edificación del cuerpo del Mesías,
—Efesios 4:12 BTX

¿Hasta cuándo son vigentes y necesarios, la paternidad y los cinco ministerios?

Hasta que todos lleguemos a la unidad de la fe y del conocimiento pleno del Hijo de Dios, a un varón perfecto, a la medida de la estatura de la plenitud del Mesías.
—Efesios 4:13 BTX

Sepa que la intención es que lleguemos al conocimiento pleno del Hijo, a la plenitud del Mesías (Hijo).

¿Para qué?

Para que ya no seamos niños fluctuantes, zarandeados por las olas, llevados a la deriva por todo viento de doctrina, por la astucia de hombres que emplean con maestría las artimañas del error;

sino que, hablando la verdad en amor, crezcamos en todas las cosas en Aquel que es la cabeza: El Mesías,

de Él viene que el cuerpo entero, bien ajustado y unido por todos los ligamen- tos, según la función propia de cada uno de sus miembros, crezca y se edifique en el amor.

—Efesios 4:14-16 BTX

Capítulo 22

MÁS PATERNIDAD A TRAVÉS DE LAS ESCRITURAS...

La primera, segunda y tercera epístolas de Juan nos muestran un ejemplo más del diseño de paternidad. Hay varias opiniones o criterios sobre quién realmente fue el autor de esas tres cartas, pero la mayoría de los eruditos las atribuyen al apóstol Juan, el discípulo amado, debido a las similitudes que hay en el comienzo de 1 de Juan con el Evangelio de Juan referentes al principio y la manera en que se habla sobre el Verbo. No obstante, independientemente de quien haya sido el autor, en las tres epístolas se manifiesta un lenguaje de paternidad muy significativo que no podemos ignorar.

Comienza hablándonos sobre el principio y sobre la vida que les había sido manifestada y que habían visto: la vida del Hijo, Jesús el Mesías. Juan habla de su experiencia, de lo que había visto y de la comunión entre el Padre y el Hijo. Todo eso que se nos narra, y que ellos vivieron, es origen.

Lo que era desde un principio, lo que hemos oído, lo que hemos visto con nuestros ojos, lo que hemos contemplado y palparon nuestras manos acerca del Verbo de la vida,

(porque la Vida fue manifestada, y la hemos visto, y damos testimonio, y os anunciamos la vida eterna, la cual estaba ante el Padre, y nos fue manifestada).

Lo que hemos visto y oído os lo anunciamos, para que también vosotros tengáis comunión con nosotros; y nuestra comunión verdaderamente es con el Padre y con su Hijo, Jesús el Mesías.

Y estas cosas os escribimos para que nuestro gozo sea completo.

—1 Juan 1:1-4 BTX

Juan no hablaba de lo que había escuchado, sino de lo que había vivido. Su intención era reproducir la esencia que recibió del Hijo a todos aquellos a los que se conectaba. Predicar la verdad de la gracia manifestada a través de Jesús el Mesías era su asignación y su deleite. Liberar de la carga impuesta por la ley a cada hijo fue su intención al comienzo de esta epístola.

Hijitos míos, estas cosas os escribo para que no pequéis; y si alguno peca, Paracleto tenemos ante el Padre: a Jesús el Mesías, el justo,
el cual es también la propiciación por nuestros pecados, y no solo por los nuestros, sino también por los de todo el mundo.
—1 Juan 2:1-2 BTX

Observe cómo se dirige a los que le fueron asignados: "hijitos míos". El trato paternal de Juan para con sus hijos habla del diseño al cual él mismo fue expuesto y el modelaje que recibió de Jesús.

Os escribo a vosotros, hijitos, porque los pecados os han sido perdonados a causa de su nombre.
Os escribo, padres, porque habéis conocido al que es desde un principio. Os escribo, jóvenes, porque habéis vencido al maligno.
Os estoy escribiendo, hijitos, porque habéis conocido al Padre. Os estoy escribiendo, padres, porque habéis conocido al que es desde un principio. Os estoy escribiendo, jóvenes, porque sois fuertes, y la palabra de Dios permanece en vosotros, y habéis vencido al maligno.

No améis al mundo ni las cosas que hay en el mundo. Si alguno ama al mundo, el amor del Padre no está en él.

—1 Juan 2:12-15 BTX

En esta lectura habla sobre las etapas de cada persona en su nuevo nacimiento y su desarrollo. Comienza escribiéndoles a los hijitos, luego hace referencia a los padres (padres en minúscula). Luego continúa escribiéndoles a "los hijitos que habéis conocido al Padre" (mayúscula). En ese mismo versículo, vuelve a hacer referencia a los padres (minúscula). Luego, les habló a los jóvenes (crecimiento).

La razón por la que establezco estas diferencias en la forma de escribir la palabra padre estriba en el hecho de que podamos ver cuándo se refiere al Padre (mayúscula) y cuándo se habla de los padres (minúscula). Haciendo ver de esta manera que ambos son conectados en y a través del diseño. El Padre estableció un hijo (primer Adán) y lo convirtió en padre, para que a través de él se reprodujera su esencia. El pecado del primer Adán, no anuló el diseño original, ya que a través de Jesús el Mesías (segundo y postrer Adán) el Padre devolvió al hombre a su diseño original.

A continuación tenemos varios versículos en los que seguimos viendo cómo hablaba Juan a sus hijos espirituales:

Hijitos, ya es la hora postrera, y según habéis oído que el anticristo viene, así han surgido ahora muchos anticristos, por lo cual sabemos que es la hora postrera.

—1 Juan 2:18 BTX

Y ahora, hijitos, permaneced en Él, para que cuando sea manifestado, tengamos confianza y no nos apartemos de Él avergonzados en su venida.

—1 Juan 2:28 BTX

¡Mirad qué clase de amor! El Padre nos ha concedido que seamos llamados hijos de Dios, y lo somos; por esto no nos conoce el mundo, porque tampoco lo conoció a Él.

Amados, ahora somos hijos de Dios, y aún no se ha manifestado lo que hemos de ser, pero sabemos que cuando Él sea manifestado, seremos semejantes a Él, porque lo veremos tal como es.

—1 Juan 3:1-2 BTX

La grandeza del amor del Padre, no se manifiesta en que seamos siervos y ovejas, sino en que podamos ¡ser llamados hijos!

Hijitos, nadie os engañe: El que practica la justicia es justo, como Él es justo.

—1 Juan 3:7 BTX

En esto son reconocidos los hijos de Dios y los hijos del diablo: Todo aquel que no practica la justicia no es de Dios, tampoco aquel que no ama a su hermano.

—1 Juan 3:10 BTX

Hijitos, no amemos de palabra ni de lengua, sino con obra y de verdad.

—1 Juan 3:18 BTX

Hijitos, vosotros procedéis de Dios, y los habéis vencido, pues mayor es el que está en vosotros que el que está en el mundo.

—1 Juan 4:4 BTX

Hijitos, guardaos de los ídolos.

—1 Juan 5:21 BTX

En gran manera me regocijé porque he hallado algunos de tus hijos caminando en la verdad, según recibimos mandamiento del Padre.

—2 Juan 1:4 BTX

No tengo mayor gozo que éste: oír que mis hijos andan en la verdad.

—3 Juan 1:4 BTX

Así que volvamos al diseño, volvamos al origen.

Rafael Mojica y su esposa Claribel son los fundadores y apóstoles de Nación de Fe con su sede principal en la ciudad de Kissimmee, Florida. Actualmente su red de 89 iglesias se extiende por 15 países y 14 estados de Norteamérica. Es el fundador la Red Apostólica Internacional "The Father Children Design" de la Escuela de Paternidad Online, y anfitrión de la Conferencia Internacional Rompiendo Los Esquemas que se celebra cada año. Es un apasionado predicador del mensaje del Reino de Dios y de la Paternidad Espiritual transmitido por televisión, radio y redes sociales a miles de personas semanalmente. Es padre de tres hijos y abuelo de 4 nietos. Actualmente, vive junto a su familia en Kissimmee, Florida.

www.naciondefe.com

 @apostolrafaelmojica

 @apostolrafaelmojica

R.T. KENDALL

R.T. KENDALL
Autor de *40 días con el Espíritu Santo*

PERDÓN TOTAL

DESCUBRA LAS CONSECUENCIAS FÍSICAS, EMOCIONALES
Y ESPIRITUALES DE LA FALTA DE PERDÓN, Y VEA POR QUÉ DIOS
LE ANIMA FIRMEMENTE A PERDONAR.

"UN LIBRO PARA LA HISTORIA"

FUEGO SANTO

Una mirada equilibrada y bíblica
a la obra del Espíritu Santo
en nuestras vidas

R.T. KENDALL

AUTOR DEL ÉXITO DE VENTAS *PERDÓN TOTAL*

PRÓLOGO POR MARK DRISCOLL

Verdad, poder, y
el próximo gran
mover de Dios

LA PALABRA Y EL ESPÍRITU

R.T. KENDALL

Autor del éxito de ventas *Perdón total*

LA PRESENCIA DE DIOS

Descubra los caminos de Dios
a través de la intimidad con Él

R.T. KENDALL
AUTOR DEL ÉXITO DE VENTAS *FUEGO SANTO*

EL AUTOR DE LOS ÉXITOS DE *VERDAD PERDÓN TOTAL* Y *FUEGO SANTO*

R.T. KENDALL

MÁS de DIOS

BUSQUE AL BENDECIDOR, NO SÓLO LOS BENDICIÓN

40 días con el ESPÍRITU SANTO

Una travesía para experimentar
su presencia en una manera fresca y nueva

R.T. KENDALL
AUTOR DEL ÉXITO DE VENTAS *PERDÓN TOTAL*

¿QUÉ PASÓ CON EL EVANGELIO?

REDESCUBRA LO *MÁS IMPORTANTE*

R.T. KENDALL
AUTOR DEL ÉXITO DE VENTAS *PERDÓN TOTAL*

CASA CREACIÓN
Para vivir la Palabra
www.casacreacion.com
f 🐦 ▶ 📷 /casacreacion

Te invitamos a que visites nuestra página web, donde podrás apreciar la pasión por la publicación de libros y Biblias:

www.casacreacion.com

f @CASACREACION

 @CASACREACION

 @CASACREACION

Para vivir la Palabra